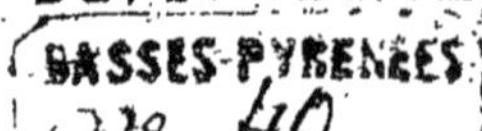

LES ABEILLES

PAR

Le Chevalier de LA RHOËLLERIE

Ancien Sous-Préfet de l'Empire

Chevalier de la Légion d'Honneur

Officier de Charles III, de Saint-Grégoire-le-Grand

Médaillé d'honneur du Gouvernement, etc., etc.

PRIX : 75 CENTIMES

PAU

IMPRIMERIE-STÉRÉOTYPIE A. MENETIÈRE

PLACE DES ÉCOLES

1880

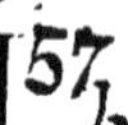

LES ABEILLES

LES ABEILLES

PAR

Le Chevalier de LA RHOËLLERIE

Ancien Sous-Préfet de l'Empire

Chevalier de la Légion d'Honneur

Officier de Charles III, de Saint-Grégoire-le-Grand

Médaillé d'honneur du Gouvernement, etc., etc.

PRIX : 75 CENTIMES

PAU

IMPRIMERIE-STÉRÉOTYPIE A. MENETIÈRE

PLACE DES ÉCOLES

1880

AVERTISSEMENT DE L'AUTEUR

La première partie de nos *Abeilles* ayant paru dans l'*Écho des Pyrénées*, de Pau, à la fin du mois d'octobre 1879, c'est-à-dire au moment où le cabinet *Waddington* brillait de toute sa splendeur, on pourrait leur reprocher de manquer d'actualité.

Heureusement pour leur auteur, nous vivons sous un régime où plus ça change, plus c'est toujours la même chose.

Waddington ou Freycinet, Freycinet ou Waddington, c'est bonnet blanc ou blanc bonnet; — l'étiquette a pu changer, la marchandise reste toujours la même.

La seule différence à établir entre les deux cabinets, c'est que le premier se croyait obligé à quelques ménagements, tandis que le second marche avec cynisme dans la voie de la désorganisation sociale et de la révolution radicale.

Tout ce qui était resté debout de nos institutions, de nos libertés, de nos droits! a été sapé, brisé, anéanti.

Les quelques fonctionnaires capables et indépendants qui avaient échappé à la grande *battue* aux emplois, ont été immolés sans pitié, et la seule chose que le pays ait gagné au changement de nos Excellences, c'est qu'après avoir pourvu d'emplois lucratifs les amis et les parents de MM. Waddington, Say, Le Royer, etc., il a fallu tailler dans le budget de nouvelles parts pour ceux de leurs successeurs.

Les révocations dans l'Administration, les Finances et la Diplomatie, ont suivi une marche ascendante; signalons toutefois une *variante :* c'est qu'on en est arrivé à nommer des faillis receveurs des finances, et à confier des postes diplomatiques à des *amnistiés de la Commune !*

La magistrature n'a pas été plus épargnée, mais les *épurations* dont elle a été la victime ont du moins servi à quelque chose, c'est à faire voir aux justiciables ce qu'ils avaient à attendre d'un gouvernement qui obéissait aux injonctions des *Seignobos* et des *Bertereau*

Je n'ai donc rien à modifier de mes appréciations

sur les hommes et sur les choses; ce que j'écrivais en octobre 1879 s'est réalisé en mars 1880. — J'aurais même le droit de me dire prophète, puisque j'annonçais un mois à l'avance la catastrophe de *Philippart!*

Puissent mes autres prédictions ne jamais se réaliser.

Un dernier mot. — Quelques esprits moroses ont reproché à mes *Abeilles* leur forme humoristique et légère. Ma réponse est faite ; elles ont été composées pour un journal bonapartiste, qui s'adresse spécialement aux ouvriers des villes et des campagnes. J'ai pensé qu'un peu de sel *gaulois* ne nuirait pas à la propagation des idées que je voulais faire pénétrer parmi ces intelligences primitives, et que le *ridicule* était le meilleur des *aiguillons* pour tuer nos adversaires et démonétiser la R. F.

Toulouse, ce 1er Mars 1880.

Chevalier E. de La Rhoëllerie,
Château de la Gravette (Toulouse).

LES ABEILLES

1re SÉRIE

Octobre 1879.

Lorsque l'imposante majorité *d'une voix* nous eut gratifiés de la République, nous devions voir revivre les beaux jours de l'*âge d'or*, et les organes officieux du gouvernement n'avaient pas assez de trompettes pour proclamer l'*ère de prospérité* dans laquelle nous allions entrer à pleines voiles.

Allégement des charges pesant sur le *pauv' peüpe!* ordre et économie dans les finances, diminution des impôts et de la dette publique, suppression ou au moins diminution considérable des octrois, des patentes, des droits d'enregistrement, de succession et de frais de justice ! C'était à faire venir l'eau à la bouche et à nous rendre tous républicains.

Plus de souverain ! partant plus de cour ; plus de Princes à doter, de palais à entretenir, de garde impériale ou royale à solder ; au lieu d'un Empereur et d'une Impératrice, d'un Roi ou d'une Reine, un avocat en habit noir avec Madame son Épouse, rappelant par leur simplicité bourgeoise le couple *Flocon* de 1848.

C'est vainement que vous essaieriez de faire comprendre aux *purs* que les 25 millions de liste civile de Napoléon III en répandaient peut-être 300 dans le commerce de Paris, — que chaque fête des *Tuileries* ou de *Compiègne* faisait vivre autant d'ouvriers que les discours de Belleville et autres lieux en font mourir de faim, — que *ce n'était pas la peine assurément de changer de gouvernement*, pour voir un *Gambetta* chausser les bottes du *duc de Morny*, dépenser en une soirée plus de 50,000 fr. de fleurs, de vins fins et de cigares exquis, posséder dans ses écuries les plus beaux chevaux de Paris, dans ses cuisines le *chef* du duc de Noailles, sans compter *le reste !* comme disait Lafontaine.

Il y a cependant une petite différence entre l'ancien président du *Corps législatif* et le fils du petit épicier de *Cahors*, c'est que l'un était un parfait *gentlemen*, possédant toutes les distinctions, toutes les élégances ! tandis que l'autre ne sera jamais qu'un parvenu et un *Bohême décrassé* — et que dépensa-t-il 500,000 fr. pour faire dorer sur toutes les coutures le palais de la *Présidence*, il n'arrivera jamais à y faire venir un homme comme il faut, et une femme du vrai monde !

Ceux qui ont assisté aux soirées de M. le duc de Morny, où les plus jolies femmes de Paris coudoyaient les plus grands noms de l'aristocratie des *deux mondes!* où l'armée, les arts, les lettres, la magistrature, la diplomatie, etc., comptaient leurs plus brillants représentants, où les épaules des danseuses disparaissaient sous les rivières de diamants, comme la poitrine de leurs maris sous une constellation de décorations, et qui se sont fourvoyés au dernier *raout* du Président de la Chambre, ont dû faire de singulières réflexions, et se demander dans quelles couches sociales on avait été pêcher cette collection d'hommes mal vêtus et encore plus mal élevés, qui se précipitaient à l'assaut des buffets, comme s'ils n'avaient pas dîné ; et remplissaient leurs poches de cigares exquis, comme ils l'eussent fait à *la Civette !*

A minuit, il ne restait ni un *londrès* ni une bouteille de *Moët*, à deux heures du matin les sous-préfets de la dernière promotion ramassaient les bouts de cigare et exécutaient des *cavalier seul*, des plus orageux ! à quatre heures ils frappaient sur le ventre de leurs préfets et les appelaient ma *vieille branche !* on se fût cru à la *Brasserie alsacienne* où au *Pou couronné !* et les *Bergers Watteau* qui tapissaient les murs, ont dû briser leurs pipeaux et s'esclaffer de rire en voyant ce drôle de monde !

On affirme que *M. Gambetta* n'a pas trouvé la demeure de *M. le duc de Morny* digne de sa grandeur et qu'il y a fait dépenser plus de 500,000 fr. en dorures, tapisseries des Gobelins, tableaux de maîtres, boudoirs capitonnés, etc. ; il nous semble pourtant que pour la société qu'il y reçoit, le palais du *dernier des Condés* était plus que suffisant !

Il n'y a qu'une dépense que les *frères et amis* ne lui passeront pas facilement, c'est celle de sa salle de bains, avec baignoire en marbre, lavabos en argent, douches ascendantes et foulantes, etc. — Ces gens-là ont une telle horreur de l'eau, que les ablutions de leur chef leur paraissent intempestives et aristocratiques au premier chef. — Si jamais Gambetta retourne à Belleville prononcer un de ces discours où il fait de si belles promesses qu'il se garde bien de tenir, il agira prudemment en s'abstenant pendant quelques jours de visiter sa salle de bains et son armoire à linge.

Les prétendues économies réalisées par la République se chiffrent avec une brutalité qui se passe de tout commentaire.

Total des dépenses du dernier budget de l'Empire : 2,152,713,993 fr.

Total des dépenses inscrites au budget présenté pour 1880 par les ministres de la République : 3,716,349,055 fr.

Différence en plus pour la *chère* République : 1,563,635,062.

Soit une augmentation de plus des deux tiers — c'est assez coquet !

« Mais, ne manquera-t-on pas de dire : Ne fallait-il pas » solder la carte léguée par l'Empire? les dépenses de la » guerre? les lourdes charges imposées par l'année 1870-» 71? » — Puis arrive invariablement la boue de *Sedan!* la *guerre de l'Impératrice;* la terrible responsabilité encourue par Napoléon III, cause unique de la guerre, etc., etc.

Il faut enfin faire justice de toutes ces rengaînes radicales auxquelles les documents historiques, recueillis depuis peu, donnent un éclatant démenti.

Si l'Empereur a fait la guerre, c'est qu'il y a été forcé, contraint, par les braillards, criant : « *à Berlin! à Berlin!*» lesquels l'eussent accusé de lâcheté et de couardise, s'il se fut refusé à obéir au « *vœu de la nation* » dont *Emile de Girardin* » se faisait l'écho au balcon de l'Opéra.

Si elle a été entreprise dans des conditions d'infériorité déplorable, c'est que l'opposition d'alors, non contente d'entraver la réorganisation de la garde mobile, marchandait au maréchal *Niel* un mètre de drap, un paquet de cartouches, et qu'elle croyait avoir *donné une bonne leçon* au gouvernement en lui rognant 10,000 hommes sur l'effectif de l'armée.

Il sied bien, en vérité, aux avocats qui voulaient supprimer les armées permanentes et les remplacer par la *nation ar-*

mée (c'est-à-dire la garde nationale et les sapeurs-pompiers) de venir reprocher à l'Empereur de s'être présenté sur le Rhin un contre trois !

La vérité vraie, c'est qu'il ne se faisait aucune illusion sur le sort de la campagne ; c'est que déjà atteint du mal qui devait le conduire au tombeau, il s'est traîné à l'armée, comme un malheureux qui va au supplice.

C'est qu'après avoir vainement essayé de se faire tuer à *Sedan*, il s'est sacrifié pour sauver la vie aux débris de ses bataillons décimés.

Il n'y a qu'à lire les journaux d'opposition de 1870 pour se convaincre d'un fait : c'est que tous, sans exception, poussaient à la guerre.

Se berçaient-ils de plus d'illusions ? Souhaitaient-ils une victoire qui eut affermi la dynastie ? — On nous permettra d'en douter !

Ce qu'ils espéraient, c'est que le trône impérial serait broyé dans la défaite, et que leur *chère République* s'élèverait sur ses débris. — Que leur importait la ruine et l'abaissement de la France ? Henri IV disait que « Paris valait bien une » messe ! » N'ont-ils pas écrit « que ce n'était pas acheter » trop cher la République que de la payer avec deux pro- » vinces ! »

Qu'y avait-il à faire après le traité avec la Prusse ? Quelle était la ligne de conduite indiquée par la raison, le patriotisme, le sens commun ?

Resteindre les dépenses, diminuer les gros traitements, supprimer les sinécures, en un mot « *pratiquer les mâles vertus* » que les radicaux inscrivent sur leurs programmes, leurs affiches et leurs professions de foi électorales ; mais qu'ils se gardent bien de mettre en œuvre surtout quand ils sont *arrivés !*

Au lieu de cela, on a établi des taxes exhorbitantes, non-seulement sur les objets de luxe, mais aussi sur ceux de première nécessité : le tabac, les allumettes, les cartes à jouer, les billards, le papier, les voitures, les chiens, les chevaux, la poudre, le plomb de chasse, etc., etc., ont été imposés ; — les timbres-poste, les dépêches télégraphiques, le papier marqué augmentés, sans compter ces ennuyeux timbres de commerce ?

Le décime de guerre a été maintenu sur les transports, les voyageurs, les actions industrielles, etc. ; — les sucres, les cafés, les huiles, tout ce qui est indispensable à la consommation du pauvre comme du riche, a été sur-imposé ! — on a fait argent de tout, on a battu monnaie sur le dos des contribuables, qui se sont exécutés de bonne grâce, avec la croyance qu'ils verraient la fin de leurs sacrifices, aussitôt qu'on aurait payé la rançon, et que l'équilibre du budget serait rétabli.

Or, non-seulement ce résultat a été obtenu, mais les journaux de MM. *Gambetta, Léon Say* et Cie, crient par dessus les toits que les recettes dépassent de beaucoup les dépenses et les prévisions budgétaires les plus optimistes!

Qu'a-t-on dégrevé? les timbres-poste et les dépêches télégraphiques! — et cela, parce qu'on a reconnu que les recettes de ces deux administrations avaient tout à gagner à l'abaissement du tarif; — tout le reste est demeuré dans le *statu quo ante bellum.* — On continue à payer des droits énormes pour les successions et les mutations de propriétés, dont la valeur, ainsi que cela a été calculé, finit par faire retour à l'Etat dans une période de moins de vingt ans.

Les contributions directes et indirectes sont grevées d'autant de centimes additionnels qu'elles peuvent en supporter, toutes les grandes villes ont dû contracter des emprunts ; — enfin les vins, les eaux-de-vie, la bière et le cidre paient des droits presque égaux à leur valeur, et, tandis que les vins étrangers sont favorisés à notre détriment, que les blés et le bétail d'Amérique viennent faire une concurrence désastreuse à nos produits et ruiner nos agriculteurs, nos prétendus hommes d'Etat se livrent à des entreprises gigantesques, telles que le rachat des chemins de fer en faillite (ce projet chéri de M. de Freycinet).

Qu'on entre dans la voie fatale des aventures économiques et des expériences ruineuses, qu'on creuse des ports et des canaux, qu'on substitue l'Etat aux Compagnies, qu'on dépense des millions en travaux de luxe et de fantaisie, pourvu qu'on ait commencé par dégrever l'agriculture et à alléger les charges qui pèsent sur l'industrie, rien de mieux ! mais oser proposer de pareilles dépenses (qui en somme ne profitent qu'aux compagnies en détresse) quand le pays écrasé d'impôts traverse la crise industrielle et commerciale la plus intense et la plus calamiteuse qui se soit produite depuis un siècle, c'est tout bonnement *le comble* de l'insanité et de l'audace !

Si un ministre de Louis-Philippe ou de Napoléon III eut osé faire pareille proposition, les journaux de l'opposition eussent poussé des cris de paon et n'auraient eu ni assez d'encre, ni assez de vertueuse indignation pour demander la mise en accusation des coupables. Mais il a suffi que M. de *Freycinet* fut un ancien « *copain* » de M. *Gambetta* et un de ses complices dans l'épopée grotesque et *fouinarde* de la dictature de Tours ; pour que la loi passât comme une lettre à la poste et pour que le ministre des *travaux publics* fut proclamé grand homme, avec l'espoir de la future présidence du cabinet [1].

Ce que j'ai non moins de peine à m'expliquer, c'est que, lorsque le rendement des impôts a atteint le *maximum*, que l'enregistrement donne de telles recettes, qu'on est obligé

[1]. Ce qui a eu lieu !

de doubler le nombre des employés, on songe à contracter un nouvel emprunt suivi indubitablement de la conversion de la rente, comme si nous n'avions pas déjà assez de l'amortissable de M. *Léon Say !* . .

De deux choses l'une : ou l'on trompe le public, ou l'emprunt est inutile, et n'a d'autre but que de permettre à nos gouvernants de remuer l'argent à la pelle, dans l'espoir qu'il en restera quelques parcelles dans la poche des amis.

L'emprunt *Morgan* est là pour nous apprendre comment les millions se fondent dans la poche de certains gambettistes ! Je ne demande pas mieux que de croire que *Léon-le-Magnifique* a trouvé dans les économies réalisées par son père dans le commerce des pruneaux, des huiles et des savons, le moyen de donner 15,000 fr. de gages à son cuisinier *Trompette* et de mener un train pour le moins égal à celui de la maison *Rotschild*, mais j'avoue que je ne serais pas fâché de le voir *rendre ses comptes*, ce à quoi il s'est toujours refusé.

Quelle que soit l'incapacité notoire et le peu de *surface* des personnages qui sont à la tête des affaires, il n'a pas été possible de les trouver en France et il a fallu les aller quérir à l'étranger.

M. Gambetta est d'origine génoise, M. Waddington anglais, M. Tirard suisse, sans compter le plus suisse des Suisses, Jules Simon, l'espoir de l'opportunisme en détresse.

Il est aussi injuste de faire retomber sur Napoléon III la responsabilité de nos désastres, que d'attribuer à son règne la situation commerciale et financière qui nous est faite par les républicains. Je dirai plus : c'est que si la France a pu payer l'immense rançon consentie par le *soi-disant libérateur du territoire*, si l'argent y regorge malgré les fautes sans nombre et les inepties économiques de nos gouvernants, c'est que l'épargne accumulée depuis dix-huit années d'une prospérité sans précédents, nous a permis de faire face aux emprunts *Gambetta-Morgan*, aux marchés *Ferrand*, aux dilapidations de la dictature de Tours, aux brigandages de la Commune, à la perte des revenus de deux provinces, au paiement du plus colossal impôt de guerre des temps modernes, enfin au gaspillage éhonté des deniers publics auquel nous assistons depuis que nous sommes entre les mains des repus, des engraissés et des satisfaits de la R. F.

MM. les républicains ont tellement crié contre les gros traitements, les sinécures, le cumul, etc., qu'on était en droit d'espérer qu'une fois au pouvoir ils donneraient l'exemple d'une simplicité *spartiate*, et qu'à l'exemple des ministres anglais et américains, nos Excellences continueraient à occuper le modeste appartement où ils avaient connu des jours moins heureux, des valets moins galonnés et des *cigares moins exquis !*

Vain espoir ! rien n'est changé dans les palais ministériels ; les huissiers de M. de *Persigny* sont toujours à leur poste, défendant M. *Lepère* contre l'envahissement de ses sous-préfets en quête d'avancement. M. Waddington occupe les salons somptueux où M. Waleski recevait les membres du Congrès de Paris ; on nous assure même que ces nouveaux *parvenus* sont beaucoup plus hautains et plus inabordables que leurs prédécesseurs.

En admettant la parfaite honnêteté de tous ceux qui tiennent la queue de la poële, nous leur demanderons où ils ont pu apprendre leur métier ?

Autrefois, pour devenir ministre, il fallait avoir fait preuve de connaissances spéciales ; ce n'était qu'après avoir passé par le Conseil d'Etat, la Cour des comptes, les grandes administrations, les commandements et les ambassades, qu'on devenait ministre. Aujourd'hui, on confie la fortune, l'industrie, le commerce de la France à un bijoutier *genevois*.

Aussi quels brillants résultats ?

Dans les sept premiers mois de l'année courante, nos importations dépassaient de 835 millions nos exportations.

Dans ce bilan, nous trouvons 6 millions de moins pour les objets fabriqués et 7 millions de moins pour les produits nécessaires à l'industrie.

Ces chiffres sont significatifs et expliquent le chômage ou la fermeture de la plupart de nos grands établissements industriels, les faillites sans nombre et la misère des ouvriers.

Il faudrait un volume pour raconter les âneries commises par le ministre de *l'agriculture et du commerce!*

On dirait, en vérité, qu'il a pris à tâche de favoriser les étrangers au détriment de la France.

Ainsi pour ne parler que des vins (la grande production française, celle pour laquelle nous n'avons pas de rivaux), grâce au désastreux traité *Franco-Espagnol*, nous sommes inondés de produits transpyrénéens, dont l'introduction a plus que doublé depuis l'an dernier; et, tandis que les vins français paient un droit énorme pour entrer en Espagne, les gros vins de la *Catalogne* qu'on emploie pour les coupages, viennent faire une concurrence redoutable à nos produits du Midi.

Il en est de même des *raisins secs*, ceux qui confectionnent nos traités de commerce, se figurant, sans doute, qu'il ne fallait comprendre sous cette désignation, que les raisins de *Malaga*, employés dans la cuisine et la pâtisserie, ne les ont frappés que d'un droit insignifiant; qu'en est-il résulté? C'est que les Espagnols, qui ne sont pas plus naïfs que nos Excellences, ont pu, grâce à l'ardeur de leur soleil, faire sécher des quantités énormes de raisins, qui nous arrivent comprimés sous un petit volume, et avec lesquels les *opérateurs* de *Cette* et de *Bercy* fabriquent un vin plus ou moins potable, qu'ils peuvent livrer à moitié prix de celui qui provient du jus de la grappe.

Si l'exportation de nos liquides est frappée de droits onéreux et tout à l'avantage de l'étranger, que dire de la faveur accordée aux blés, aux salaisons et au bétai d'Amérique? Personne n'ignore la prodigieuse fécondité de certaines parties du territoire des *Etats-Unis;* non-seulement la terre y est presque sans valeur, souvent même au premier occupant; mais son sol vierge produit des récoltes magnifiques à peu près sans culture, il en résulte qu'à 10 ou 12 fr. l'hectolitre, le blé américain donne encore un fort beau bénéfice au producteur.

Comment nos cultivateurs, obligés de lutter avec le prix sans cesse croissant des terres, du bétail et de la main-d'œuvre, sans compter les impôts dont ils sont écrasés, pourraient-ils soutenir la concurrence? Il ne leur reste plus qu'à laisser leurs terres en friche et à se faire nommer sous-préfets.

Ce que nous disons des vins et des céréales s'applique à plus forte raison au bétail.

Les immenses pâturages de *Buenos-Ayres* et de *la Plata* nourrissent d'innombrables troupeaux de bêtes à cornes et à laine, dont le prix est tellement bas, qu'on en est arrivé à compter la chair pour rien et à n'exploiter que le cuir, la corne et la laine ; c'est de l'*Amérique* que nous viennent ces viandes conservées ou concentrées, dites *Liebig*, ces salaisons, ces jambons fumés, qui commencent à tenir une place trop importante sur nos marchés, car grâce aux tarifs protecteurs, cela ne fait diminuer en rien le prix de la viande et ruine les éleveurs français.

Si les premiers essais de conservation des viandes fraîches par les appareils *frigorifiques* n'ont pas eu tout le succès qu'en attendaient leurs inventeurs, il y a lieu de croire qu'ils seront renouvelés dans de meilleures conditions, et que les filets de bœufs *américains* viendront faire une concurrence redoutable à nos éleveurs et à nos propriétaires herbagers.

En même temps que les *Yankees* nous inondent de leurs produits et enlèvent chaque année plus d'un milliard de numéraire, ils ont diminué leurs commandes dans la même proportion ; profitant de nos révolutions chroniques et de la fermeture d'un grand nombre d'usines, ils ont débauché les ouvriers les plus habiles de divers corps d'état, et fabriquent eux-mêmes ce qu'ils avaient l'habitude de demander à l'industrie française, les soieries, les rubans, les bronzes, les papiers peints, les porcelaines, les glaces et les cristaux ; la ganterie, la chapellerie, etc., etc., se fabriquent maintenant aux *Etats-Unis*, et l'*Exposition universelle* de Paris a démontré aux plus incrédules que le grand marché transocéanique était à la veille de nous échapper.

Des districts entiers ont été plantés en vigne et bientôt ces riches contrées, qui réunissent toutes les températures, se suffiront à elles-mêmes pour les vins et les eaux-de-vie ; ce sera le couronnement de l'édifice industriel de la R. F.

Voilà des questions palpitantes dont la majorité républicaine de la Chambre devrait se préoccuper, au lieu de perdre son temps à invalider ses adversaires politiques, à proscrire les corporations religieuses enseignantes et à faire rentrer triomphalement les voleurs, les assassins et les incendiaires de la Commune.

Quant à l'économiste éminent qui dirige les départements de l'*Agriculture et du Commerce*, ils nomme des commissions, des sous-commissions, des délégués, des rapporteurs, des inspecteurs, des sous-inspecteurs qui noircissent du papier, font des discours, signent des circulaires, etc., sans qu'il soit sorti de tout ce fatras une seule mesure vraiment pratique.

Si les montres de M. *Tirard* marchent comme son ministère, il ne faut pas s'étonner si la France est toujours en retard !

Arrivons au ministère des *Travaux publics* où trône M. de de Freycinet, l'ami, le bras droit et l'ex-collaborateur de

M. Gambetta, dans l'épopée aussi triste que *productive* de *la Défense nationale* et de la dictature de Tours.

Nous avons déjà exprimé notre opinion sur ses projets aventureux dits « *grands Travaux publics.* » Cette conception grandiose, gigantesque, abracadabrante, qui, au dire des amis, devait changer l'aspect de la France, perfectionner son outillage industriel, diminuer les frais de transport des marchandises et des voyageurs, améliorer les voies de communication, etc., etc.

Ce que j'ai vu de plus clair jusqu'à présent, c'est le bénéfice réalisé par les *malins* qui étaient dans le *secret des dieux*, et qui ont su profiter à temps de la hausse inattendue qui s'est produite sur les lignes de chemin de fer en faillite, où à la veille de déposer leur bilan !

Les grandes Compagnies continuent à réaliser des recettes énormes et à augmenter leurs tarifs, sans que le public bénéficie jamais de la plus-value des actions, qu'on se contente de dédoubler chaque fois qu'elles ont atteint un certain chiffre.

Mais du moment que l'on vient au secours des spéculateurs malheureux, je me demande pourquoi ceux qui ont quadruplé leur capital, ne verseraient pas leur excédant dans les coffres de l'Etat *qui a exécuté à ses frais la moitié des travaux ;* et, surtout, pourquoi ne les obligerait-on pas à diminuer les frais de transport des voyageurs et des marchandises ?

Lorsqu'on est en possession d'un monopole aussi exorbitant que celui qui a été concédé aux Compagnies (à une époque où l'on ignorait l'avenir des chemins de fer), lorsqu'on a tué le roulage, la batellerie, les diligences et mêmes les canaux, de façon à imposer à tous le *chemin de fer obligatoire*, on a des devoirs à remplir vis-à-vis du public et de l'Etat; et, le premier de tous, c'est de réduire les tarifs à mesure que les bénéfices vont en augmentant. Or, de l'aveu d'un de nos économistes les plus distingués (1) les Compagnies ont comme à plaisir étendu, exagéré, compliqué l'exercice de leur droit.

Les cahiers des tarifs sont devenus des tours de Babel, où nul ne peut se reconnaître au milieu de classifications multiples, dites communes, différentielles, internationales, de transit, de détournement, etc., etc.; en outre, il s'est présenté souvent ce phénomène singulier, que par l'application de certains tarifs, l'industrie étrangère a été favorisée au détriment de l'industrie nationale, et qu'à l'intérieur certaines marchandises paient plus cher sur un parcours de 50 kilomètres que pour celui de 80.

Et quand je pense qu'en Amérique, où l'industrie des chemins de fer est libre, où, par conséquent, deux ou trois lignes se font souvent concurrence sur le même parcours, on est arrivé, de réductions en réductions, à abaisser le prix de transport de la TONNE de marchandises à quelques centimes!

(1) M. L. Simonin de la *France*.

Puisque M. de Freycinet veut absolument *faire grand* et que son nom passe à la postérité bras-dessus bras-dessous avec celui de l'ami *Léon,* je lui offre une belle occasion de se couvrir de gloire et de mériter la reconnaissance du pays sans bourse délier, qu'il fasse acheter par le gouvernement... non pas ces lignes mort-nées, sans clientèle, sans avenir auxquelles il a fait l'aumône du rachat, mais une de ces grandes compagnies comme l'*Orléans* par exemple!

Qu'il assure six pour cent aux actionnaires, plus une part des bénéfices au-dessus d'un chiffre de recette déterminé, et je veux que la queue des souscripteurs s'étende *de Pau* aux guichets de la Banque de France, qu'avant deux ans les actions fassent prime, et qu'en même temps les prix subissent une baisse de plus de moitié pour les voyageurs, et des trois quarts pour les marchandises !

Ne pourrait-on pas également instituer une caisse générale des chemins de fer permettant aux lignes productives de couvrir le déficit des mauvaises, de telle sorte, qu'en peu d'années tout chef-lieu d'arrondissement eut son tronçon?

Mais... mais?... on a beau être un ministre républicain, on a certains intérêts à ménager, surtout ceux des gros bonnets de la finance, parmi lesquels on compte des amis!

En fait de progrès, d'améliorations, nous en sommes, à peu d'exceptions près, au *rail-way* et au wagon primitif du chemin de fer de *Paris à St-Germain*, à la voie unique et à la mise en coupe réglée de la vie des voyageurs, considérés comme des marchandises, dont on est tenu, en cas de perte ou de détérioration, de rembourser la valeur (1).

La récente catastrophe de Flers nous a prouvé combien le service laissait à désirer sous tous les rapports : ni télégraphe de communication entre les diverses stations, ni serre-frein perfectionné, ni signaux d'alarme ; rien, en un mot, qui puisse rassurer le voyageur, en lui prouvant que les Compagnies ont souci de sa sécurité et se préoccupent d'autre chose que d'empocher les plus gros dividendes.

On a proposé aux Compagnies des appareils arrêtant instantanément les trains lancés à toute vitesse ; on a fait des expériences de toute sorte, mais on s'est bien gardé de les adopter. Depuis les premières années du règne de Louis-Philippe rien d'important, à ce sujet, n'a été innové ; c'est toujours le cantonnier ou la cantonnière avec leur drapeau, le disque bicolore et l'aiguilleur, tenant au bout de son appareil la vie de tout un convoi de voyageurs. Qu'il ait un moment d'oubli ou de distraction, qu'il soit frappé d'un mal subit, qu'il s'endorme après une journée surchargée de travail et de fatigue, et je renonce à dire les conséquences qui peuvent en résulter.

(1) La catastrophe de Levallois n'était pas encore arrivée.

Les Compagnies n'entrent pas dans ces légers détails ; et lorsqu'un convoi a été broyé, elles se contentent d'inscrire à la colonne de *profits* et *pertes*, les têtes, les bras, les jambes cassés! et il faut les traîner devant les tribunaux pour obtenir les dommages et intérêts réclamés par les familles des victimes.

Quant au gouvernement, qui (je ne saurais trop le répéter) est entré pour moitié dans la dépense de construction des lignes, il se croise les bras et laisse les Compagnies se complaire dans leurs errements!

Mais, m'objectera-t-on, n'avez-vous pas les *commissaires du gouvernement chargés de la surveillance administrative!*

Ah! le bon billet qu'a *Lachâtre!!* Je ne sais comment cela se fait, je n'ai nulle envie de pénétrer le mystère ; mais chaque fois que vous adressez une plainte ou une réclamation à ces aimables fonctionnaires, vous êtes à peu près certain de les voir prendre le parti de la Compagnie contre vous.

J'ai entendu affirmer par un ex-employé, très-compétent dans la matière, que si les commissaires de surveillance voulaient faire leur devoir, ils dresseraient autant de procès-verbaux qu'il y a de trains de départ et d'arrivée.

La *Suisse*, la *Belgique*, l'*Allemagne*, l'*Italie* et même la *Turquie* sont pourvues d'un matériel de wagons perfectionnés, avec corridor intérieur, galeries de communication entre les compartiments, salons à manger et *cabinets indispensables*, et nous, nous en sommes encore au régime des *wagons cellulaires* et aux express, où il est interdit d'être indisposé sous peine de rester en route. On a conservé religieusement la consigne d'interdiction de la voie aux voyageurs, et au lieu de laisser, comme dans les autres pays, les premiers arrivés se caser à leur place, on préfère les voir se bousculer et se précipiter hors des salles d'attente comme des taureaux qu'on lâche dans l'arène.

On refuse aux familles des voyageurs la satisfaction de dire un dernier adieu à un être chéri ; et il faut être gendarme, marchand de journaux ou sous-préfet de la R. F., pour pouvoir pénétrer sur la voie.

Le personnel des facteurs est partout insuffisant, et les stations dans la salle des bagages donnent un avant-goût des souffrances du purgatoire.

C'est donc, avec juste raison, qu'on peut dire que le *voyageur-colis* est fait pour les chemins de fer, plutôt que les chemins de fer pour les voyageurs.

Je pourrais citer mille exemples de l'incurie, de l'impuissance et même de la condescendance coupable du gouvernement actuel à l'égard des Compagnies, je vais, sans sortir de la région pyrénéenne et de la ligne de Toulouse à Pau, fournir des pièces à l'appui.

Depuis plus de quinze ans, il s'est produit au tunnel de *Tournay*, situé à quelques kilomètres de *Tarbes*, un affaisement occasionné par des infiltrations et la mobilité du sol sur lequel sont établies les fondations. Il résulte du rapport des ingénieurs de la Compagnie et de l'Etat, que le mal est sans remède, et que cet ouvrage est fatalement destiné à s'écrouler un peu plus tôt, un peu plus tard, le tout à la grâce de Dieu !

Les choses en sont arrivées à ce point que les voyageurs ne s'engagent plus sous la terrible voûte sans recommander leur âme à tous les saints du paradis, beaucoup même font un détour immense et passent par *Bordeaux* pour l'éviter.

Vous croyez peut-être que le gouvernement (propriétaire du *tunnel* qui a été refusé par la Compagnie) a interdit la circulation et fait commencer les travaux sur un autre point? c'eût été bon si le dit *tunnel* avait appartenu à la Compagnie du Midi, alors M. de Freycinet fut monté sur ses grands chevaux, et l'aurait mise en demeure de chercher une autre direction, ou de construire un *tunnel tubulaire* en fonte, comme cela se pratique en Angleterre pour la traversée de certains bras de mer ou de sables mouvants. Mais non, MM. les ingénieurs des ponts-et-chaussées de l'Etat, se sont contentés d'étayer la voûte au moyen de ferrures et d'étançons en bois, attendant sans doute que l'éboulement inévitable envoie dans un monde meilleur et moins républicain un convoi de pèlerins de *Lourdes*.

Ne serait-on pas en droit d'attaquer l'Etat et de lui demander compte de son incurie et de sa coupable indifférence? — Oui, certes ! s'il s'agissait d'un particulier ou même d'une Compagnie. Quand la façade d'une maison menace ruine, on oblige le propriétaire à la reconstruire. Mais la loi est ainsi faite dans notre belle France, que *l'être de raison*, qu'on appelle l'Etat, est au-dessus des lois, il en est de même de la plupart des fonctionnaires et des administrations publiques, et s'il plaisait demain à MM. les ingénieurs des ponts-et-chaussées d'encombrer une route, d'obstruer un passage, il n'y a que les agents des *ponts-et-chaussées* qui aient qualité pour verbaliser.

C'est tout au plus si les familles des futurs et inévitables victimes de l'écroulement du *tunnel de Tournay* auront le droit de réclamer les indemnités au gouvernement.

Monsieur de *Freycinet* trouverait dans l'étude de ces questions palpitantes d'intérêt et dans la réforme urgente des abus que je signale, l'occasion d'exercer l'activité dévorante et les capacités administratives dont ses amis se plaisent à le gratifier. Mais, jusqu'à preuve contraire, je ne trouve à porter à son *avoir* que le rachat des lignes en faillite ; des projets aussi gigantesques qu'insensés, et, vis-à-vis des Compagnies une telle condescendance, un tel abandon des droits de l'Etat, une désertion aussi manifeste de ses prérogatives et de ses obligations, que je me demande quel intérêt personnel il peut avoir à ménager la bourse des actionnaires ?

Il est une question sur laquelle il est bon d'appeler l'attention — question capitale, de laquelle dépend l'avenir même du pays — je veux parler de l'*armée.*

Qu'on gaspille les finances, qu'on ruine l'agriculture et le commerce, qu'on accable les contribuables d'impôts, que le traitement des fonctionnaires de la *république-économique*, coûte 32 millions de plus que sous l'Empire, — la France est assez riche pour le supporter; et quand elle est sortie saine et sauve de la dictature de M. *Gambetta*, de l'emprunt *Morgan*, des marchés *Ferrand*, des horreurs de la Commune, de l'incinération du *Grand-Livre*, de la rançon prussienne, elle a affirmé sa vitalité, sa force de résistance et l'immensité de ses ressources ; mais ce qu'elle ne saurait tolérer sans pousser un cri d'alarme, c'est la désorganisation de l'armée, vers laquelle, d'après M. *A. Lefaure* (un député républicain), nous marchons à grands pas.

Je ne parle pas de la désorganisation morale, c'est un fait accompli depuis la réintégration du major *Labordère* et l'introduction de la politique dans les rangs de nos soldats.

Ce que je reproche à ceux qui, depuis 1870, engloutissent des milliards dans le budget de la guerre, c'est la désorganisation matérielle arrivée à ce point que, si demain nous étions attaqués par les Allemands, nous serions hors d'état de nous défendre et dans une infériorité telle, au double point de vue du nombre et de l'armement que, dans quatre jours, ils pourraient être sous les murs de Paris.

Il résulte de la discussion qui a eu lieu à la Chambre et de l'exposé lumineux de l'honorable député précité, que la France, avec ses millions d'hommes *sur le papier*, serait incapable de réunir sur le *Rhin* une armée aussi nombreuse et surtout aussi aguerrie que celle que Napoléon III y jeta en 1870.

Ce n'est pas faute pourtant d'avoir discouru, discuté et paperassé sur des questions militaires. Des généraux en chambre, des colonels de garde nationale, tels que le *bouillant Langlois*, ont bavardé sur la réserve, la territoriale, le volontariat d'un an, le recrutement des sous-officiers, la durée du service militaire, etc., etc. Qu'est-il sorti de tout cela? Une loi boîteuse qui ne satisfait personne, et qui, tout en imposant à la nation des charges et des obligations aussi onéreuses qu'impopulaires, n'a pas atteint le but qu'on se proposait, et nous laisse avec des régiments hors d'état de se présenter devant l'ennemi dans de bonnes conditions.

Nos compagnies d'infanterie qui devaient être de 200 hommes au *minimum*, n'en comptent réellement que 80, desquels il faut déduire les malades, les permissionnaires, les congés renouvelables et le ridicule service de garde des monuments publics et de MM. les préfets, ministres, etc., que l'on s'obstine à maintenir, malgré toutes les observations auxquelles il a donné lieu.

Il est vrai qu'en cas de guerre et de mobilisation, ces compagnies recevront 170 réservistes ; mais qu'arrivera-t-il ? c'est que ces hommes inexpérimentés, au lieu d'être encadrés dans des soldats habitués au service et à la discipline, formeront la majorité et par conséquent présenteront à l'ennemi des régiments de conscrits, sans instruction militaire, dans lesquels seront noyés et pour ainsi dire annihilés les quelques vrais soldats restés sous les drapeaux.

Les Prussiens font exactement le contraire : la compagnie d'infanterie qui compte 150 hommes à l'effectif de paix, ne reçoit que 100 hommes de la *landwer* au moment de se mettre en campagne.

M. le ministre de la guerre au lieu de copier les tuniques et les épaulettes prussiennes et d'affubler notre infanterie de casques Bavarois, ferait bien mieux de s'inspirer de l'exemple de nos terribles voisins pour l'organisation de ses régiments !

La loi destinée à former des cadres et à retenir sous les drapeaux le plus grand nombre possible de sous-officiers, a fait également long feu — chacun d'entre eux s'empresse de quitter le service aussitôt qu'il a fait son temps — cela s'explique par le travail dont on les surcharge ; on peut dire, sans crainte d'être démenti, que leur tâche a été plus que doublée depuis la nouvelle organisation militaire.

Après les recrues, les volontaires d'un an, les réservistes, les 28 jours, etc. ; ils sont (pour employer une locution populaire) toujours sur le collier, aussi ne faut-il pas s'étonner du peu de goût qu'ils manifestent pour le *noble métier des armes!*

Sur 80 gradés arrivés au terme de leur service, il est des régiments d'infanterie où il s'est trouvé tout juste quatre sous-officiers demandant à se rengager.

Si, comme l'affirment les journaux, à la dévotion du ministre de la guerre, un million d'hommes sont appelés l'an prochain sous les drapeaux, je me demande qui les instruira? qui les commandera? En attendant, par suite de *nécessités budgétaires* (que je ne saurais comprendre en présence d'un chiffre de 3,716,349,055 ! — 1,500 millions de plus que sous l'Empire!) On a congédié cette année par anticipation, la classe de 1874, et cela au moment même où on appelait les réservistes sous les drapeaux !

Une loi de l'Empire, non abrogée par la République, spécifiait que les places de percepteurs, de gardes-forestiers, d'employés d'octroi, de commissaires de police, etc., etc., seraient en grande partie réservées aux sous-officiers en retraite. Je parcours le *Moniteur*, j'y vois figurer d'anciens proscrits politiques, des amis de MM. X. Z, ou de madame

A. B. ; mais pas le moindre galonné! Bien plus, il suffit d'avoir *servi le tyran*, c'est-à-dire de s'être battu contre les Prussiens à *Gravelotte* ou à *Reischoffen* pour être systématiquement évincé de certaines administrations républicaines. Etonnez-vous maintenant de ce qui vous arrive avec les sous-officiers !

Les généraux civils et les majors de table d'hôte qui traitent à l'Assemblée les questions militaires, ont mis en avant la réduction du service à trois ans — c'est le comble ! — Pourquoi pas, pendant qu'on y est, la suppression des armées permanentes ! la nation armée ! et les baïonnettes intelligentes ?

L'opposition continue à jouer le même rôle qu'en 1870, alors qu'elle refusait au maréchal *Niel* ses 10,000 hommes et qu'elle déclarait, par la bouche de M. *Thiers*, que la Prusse était hors d'état de réunir 500,000 hommes sur nos frontières !

Les radicaux, qui sont en train de devenir nos maîtres, savent que l'armée est notre dernier, notre seul espoir, que malgré les idées révolutionnaires qu'on a cherché à lui inculquer, elle se lèverait comme un seul homme le jour où ils oseraient descendre dans la rue et tenter de passer de la théorie à la pratique. Aussi font-ils tout au monde pour la *radicaliser*, autrement dit pour y détruire l'esprit de discipline et l'*obéissance passive*, sans lesquelles il n'y a plus que des prétoriens ou des sans-culottes !

Déjà ; grâce à la réintégration du major *Labordère,* nos officiers savent qu'ils peuvent désobéir aux ordres de leurs supérieurs ou du moins les discuter impunément ; c'est à se demander si c'est un parti pris ou bien une gageure d'accumuler faute sur faute ! Le grand chancelier d'Allemagne doit bien rire dans sa barbe ; et s'il a manifesté quelques craintes au sujet de nos armements, il doit être aujourd'hui pleinement rassuré et se féliciter d'avoir un auxiliaire aussi complaisant que le général *Gresley !* — Comme il voyait juste quand il disait que la France ne serait jamais à craindre tant qu'elle serait en République !

Toute bonne tragédie classique, à commencer par *Athalie*, possède son *petit songe !* Pourquoi nos *Abeilles* n'auraient-elles pas le leur ?

Laissez-moi, alors, vous raconter le mien ou pour mieux dire le cauchemar que j'ai eu, la nuit qui a suivi la lecture du discours du nouveau conseiller municipal de *Javel* (Humbert).

Vous penserez, sans doute, que rien de tout ce que je vais vous narrer ne peut se réaliser et que j'ai été *le jouet de la folle du logis !*

Je l'espère comme vous (quoique rien ne soit impossible en France, surtout avec un gouvernement aussi faible que celui que nous possédons !) — Figurez-vous alors que vous lisez un roman ou le numéro à *sensation* du *Figaro* du 19 novembre (1).

(1) Le Fédéré, *Figaro* 19 novembre.

De crises en crises, de démissions en démissions, nous sommes arrivés au moment psychologique de la discussion définitive de la loi d'*amnistie plénière*. *Clémenceau* et *Blanqui* (qui a été nommé par trois départements) montent à la tribune et demandent la *chose !* Le gouvernement, par l'organe de *Challemel-Lacour*, président du conseil, et de *Spuller*, ministre de l'intérieur, s'opposent à la discussion immédiate et demandent le renvoi au lendemain.

Le jour suivant une foule immense, en tête de laquelle marchent, drapeau rouge déployé, les *retours-de-Nouméa*, descend des hauteurs de *Belleville*, de *Montmartre* et des *Batignolles ;* les faubourgs *Marceau*, *Antoine*, *Martin* (les saints ayant été supprimés), les quartiers de la *Villette*, de *Javel*, des *Ternes*, de *Ménilmontant*, etc., ont fourni leur contingent, auquel sont venus s'adjoindre les *frères et amis* de la banlieue, *Asnières*, *Puteaux* (son maire en tête), *Bercy*, *Passy*, *Auteuil*, etc., tout cela forme une masse de 200,000 hommes au moins.

La tête des insurgés a déjà franchi le pont *de la Concorde* que sa queue est encore à la *Bastille*, ils arrivent à la grille du palais de la *Chambre des députés*, dont *les gardes du corps* sont escamotés comme des muscades !

L. Blanc (qui comme toujours se rencontre là par hasard!) harangue la foule du haut du perron et lui promet justice et satisfaction !

Clémenceau!! Blanqui!! l'amnistie ! ! hurle la foule. Le député de *Montmartre* paraît à son tour, donnant le bras au vieux conspirateur tout ragaillardi par ce spectacle : ils sont acclamés.

Un orateur populaire se détache des rangs, et demande qu'une députation de vingt membres soit admise à la barre de l'Assemblée, les grilles s'ouvrent ; mais la foule, comme un torrent impétueux, se précipite à la suite des délégués ; le *petit L. Blanc* manque d'être étouffé et ne doit son salut qu'au fameux *pompier* de 1848, qui le hisse sur son casque.

La salle est envahie ; on voit, comme suspendues aux tribunes, des grappes de têtes hideuses et barbues, comme on n'en rencontre qu'à Paris les jours d'émeute. Au-dessus des groupes flottent des drapeaux rouges ou des étendards sur lesquels on lit :

Amnistie plénière ! Vive la Commune ! Martyrs du *Calvados*, idem de la *Vire*, de la *Picardie*, de la *Seyne*, du *Navarin*. Vive l'*Internationale !!* etc., etc. Chaque député porte un insurgé fraternellement assis sur ses épaules ; le tumulte est à son comble. Gambetta, qui préside, agite sa sonnette avec frénésie, on lui répond par la *Marseillaise*. Il lève les bras au ciel et fait signe qu'il veut parler, de tous côtés s'élèvent les cris de : A bas le dictateur ! à bas *Barras !* il s'évanouit et est emporté dans les bras de *Spuller* et d'*Arnaud* (de l'*Ariége*).

Rochefort prend sa place au fauteuil de la présidence, un silence relatif finit par s'établir, il en profite pour faire voter par acclamation la dissolution de la Chambre et du gouvernement, la mise en accusation des ministres, la formation d'un gouvernement provisoire, composé des citoyens L. Blanc, Clémenceau, Blanqui, Humbert, Rochefort.

Les nouveaux élus se rendent ou plutôt sont portés en triomphe à l'Hôtel-de-Ville, où la *Commune* est proclamée. Le *Bulletin officiel* contient plusieurs décrets :

1° Eloignement de l'armée à 100 kilomètres de Paris;

2° Rétablissement de la garde nationale avec une haute paie;

3° Institution d'un tribunal *révolutionnaire* et d'un *Comité de salut public.*

Paris est dans l'allégresse, toutes les maisons sont illuminées. Le gouvernement a interrompu le service télégraphique pour laisser ignorer aux Parisiens qu'à la première nouvelle des événements l'armée prussienne s'est mise en marche!

Cependant l'ex-gouvernement, qui tout d'abord avait perdu la tête et s'était enfui à Versailles où il avait été rejoint par le Sénat et la partie saine de l'Assemblée, commence à reprendre ses esprits; il appelle auprès de lui l'armée de Paris, la gendarmerie, la police en un mot, tous les corps constitués qui sont menacés par la nouvelle Commune.

Gambetta, qui, à la suite de la démission du président de la République, cumule tous les pouvoirs, convoque un grand conseil de guerre auquel sont appelés les généraux et les colonels présents à *Versailles.*

Il leur demande s'il peut compter sur eux et sur l'armée.

Le général marquis de *Galliffet* répond au nom de ses camarades :

« Ils sont tous prêts à faire leur devoir et à se faire tuer
» s'il le faut, seulement ils ne savent s'ils peuvent compter
» sur les troupes, il n'y a que les colonels qui puissent
» les renseigner à ce sujet. »

Le doyen des colonels prend la parole à son tour et, dans une allocution aussi courte qu'énergique, il expose :

« Que l'armée ne cesse d'être abreuvée d'humiliation de
» la part du gouvernement, qu'il l'a laissée insulter
» quotidiennement par les journaux et les orateurs des
» clubs ; que les officiers qui, dans des circonstances
» analogues à celles qui se présentent, avaient fait leur
» devoir, avaient été traités de *brigands Versaillais*,
» d'*assassins*, de *pourris* ! que peu s'en était fallu qu'ils
» ne fussent jugés par ceux qu'ils avaient envoyés dans la
» *Nouvelle-Calédonie* !

» Qu'un officier qui avait refusé de prêter son concours
» pour la répression d'une émeute avait été glorifié et
» réintégré dans les rangs de l'armée par le ministre de la
» guerre ; que, dans de pareilles circonstances, ils ne
» pouvaient espérer d'être obéis par leurs officiers s'ils
» commandaient de faire feu sur le peuple.

» Que, quant aux sous-officiers et soldats, ils avaient
» été si bien travaillés par les journaux, les agents de
» l'*Internationale* et les sociétés secrètes, qu'ils lèveraient
» infailliblement la crosse en l'air si on les mettait en

» présence des Parisiens ; que comme les généraux ils
» étaient prêts à défendre le gouvernement, mais qu'on
» ne pouvait former une armée de généraux et de colonels ! »

Que répondre à de pareils arguments? Et quel est l'homme de bonne foi et de bon sens qui oserait dire que j'exagère et que j'évoque le spectre d'éventualités irréalisables ?

Hélas ! j'ai vu 1830, 1848, et 1870, et j'ai pu me convaincre d'une chose, c'est que les révolutions sont toutes coulées dans le même moule et qu'il y a une *recette* pour renverser les gouvernements, comme pour la confection des *coulis* et des *béchamelles* du cuisinier *Trompette*.

Ce petit drôle de *L. Blanc* en est à son deuxième envahissement de *Chambre* et à son troisième voyage à l'Hôtel-de-Ville.

A chacune de nos révolutions, nous trouvons la même bande de *Jules* pour se partager le pouvoir et les honneurs ! Aux barricades, qui ont fait leur temps, on a substitué les manifestations populaires, que nos ministres sont les premiers à provoquer ; *Gambetta* doit sa position aux *meeting* de *Belleville* et autres lieux, il sera puni par où il pêche, et c'est par une manifestation populaire organisée par ses adversaires politiques qu'il périra ! Malheureusement, il est à craindre qu'il ne nous entraîne tous dans sa chute.

Après les ministres du *commerce*, des *travaux publics*, de l'*agriculture* et de la *guerre*, nous passerons légèrement sur la *marine*.

La discussion qui a eu lieu à l'Assemblée, nous a démontré que les choses s'y passent exactement comme par le passé.

Une nuée d'employés inutiles et chèrement payés, des magasins vides, des bâtiments pourrissant dans les ports, des essais ruineux aboutissant à des *sabots* hors d'état de naviguer. Enfin, après avoir dépensé des centaines de millions en *monitors*, en bâtiments à tourelle, à hélice, à éperon, à torpille, etc., on en est arrivé à découvrir que chaque cuirassé, si épais que fut son blindage, trouvait un canon et un boulet pour le traverser, un engin pour le faire sauter, et je ne serais pas étonné qu'on en revint bientôt aux bâtiments à voiles ou à la *trirème* des Romains.

Nous voici en présence d'un ministre qui ne saurait nous inspirer autre chose qu'une douce gaieté, et comme, Dieu merci ! nous ne sommes plus fonctionnaire public, nous pouvons, sans crainte d'une révocation, en griller une avec le chantre joyeux du *vieux quartier Latin*.

Pourquoi en a-t-on fait un ministre ? Est-ce que parce que nul en France ne culotte mieux une *bouffarde*, ne fait disparaître avec plus de facilité un bock, une absinthe ou un *bitter cuirassé?* Ne chante avec plus d'entrain la chansonnette égrillarde ou bachique? C'est ce qu'on n'a jamais pu savoir. Après tout, ce sont des qualités que nul mieux que M. Gambetta n'est à même d'apprécier.

D'aucuns prétendent, et je suis disposé à me ranger à leur avis, que *Léon,* voulant avoir dans la main le ministère de l'intérieur et y demeurer le maître absolu tout en restant dans la coulisse, n'a trouvé rien de mieux que d'y installer le petit *Lepère,* pour exécuter ses ordres sans réticences et sans observations.

Le fait est qu'il obéit au doigt et à l'œil, que jamais instrument plus docile ne s'est rencontré dans la main d'un *dictateur anonyme!*

Aussi, quelle *razzia* de préfets, de sous-préfets, de conseillers de préfecture, de maires, de gardes-champêtres, de commissaires de police et de sergents de ville! Je pourrais citer une grande ville du Midi où on a révoqué depuis les cantonniers jusqu'aux fossoyeurs et aux allumeurs de reverbères, soupçonnés de creuser les tombes et d'allumer le gaz sans aucune conviction républicaine.

Quant aux choix administratifs, il suffit de parcourir l'*Officiel* pour se convaincre qu'ils émanent des bureaux de la *République française* et de l'officine *Gambetta, Spuller* (un Badois celui-là!) et compagnie!

Quiconque avait écrit un *fait divers* ou une chronique locale dans la feuille de la *Chaussée-d'Antin,* a été bombardé préfet. On a réservé les sous-préfectures pour ceux qui ignoraient l'orthographe, l'usage du linge et du savon; la liste s'est complétée par l'adjonction des fruits secs du barreau, de la médecine, de la presse de province, les pions en rupture de collége, en un mot tous les ratés, les méconnus, les refusés de l'ordre social. Aussi faut-il voir comme la France est administrée, et de quelles considérations ces jeunes fonctionnaires jouissent dans leurs départements respectifs!

Jusqu'alors, le mal n'était pas bien grand, et la République n'en allait pas beaucoup plus mal.

Gambetta avait obtenu le double avantage de se débarrasser de sa queue d'amis compromettants de la brasserie et du *Café de Suède,* tout en laissant à son ministre de l'intérieur l'odieux et la responsabilité morale des exécutions administratives.

Mais voilà que les lauriers de M. *J. Ferry,* de *Léon Say* et de *Tirard,* qui s'étaient payés chacun une petite harangue à *Perpignan,* à *Storts* et à *Cherbourg,* empêchent ce pauvre homme de dormir.

« Et moi aussi, dit-il à son ami *Gustave Huriot,* je veux y aller de mon petit discours. » Allez-y Excellence! allez-y!

Le malheur voulut que *Laïus* fut prononcé après le *dîner*

exquis, que les *Franc-Comtois* lui offrirent à *Montbéliard.* Je ne sais si, comme on l'affirme, l'abus du brûle-gueule avait affaibli ses facultés intellectuelles, ou bien s'il ne s'était pas méfié des jolis vins du crû ? mais le fait est qu'il s'emballa et se lâcha, ce qu'on peut appeler en grand !! Peu s'en est fallu que sa harangue belliqueuse n'amenât un conflit, et son collègue *Waddington* a dû expliquer au grand chancelier d'Allemagne que le petit père *Lepère* avait jaboté *post prandium ;* et que le gouvernement de la R. F. ne pouvait être rendu responsable des faits, gestes et paroles d'un de ses ministres qui s'était piqué le nez !

Le ministère de la *justice* est peut-être celui où l'oubli de toutes les traditions, de tous les principes a été poussé le plus loin.

Cette magistrature française, dont l'organisation, la dignité, les vertus professionnelles nous sont enviées par l'Europe entière, qui avait résisté à toutes les révolutions, se conservant pure, intacte, indépendante sous les divers gouvernements que nous avons traversés depuis 89, n'a pas échappé à l'action destructive, révolutionnaire et désorganisatrice des démolisseurs républicains.

Je ne dirai rien de ces nominations inexplicables, de ces avancements scandaleux en dehors des règles élémentaires de la hiérarchie, de ces destitutions brutales motivées uniquement par la politique, de ces magistrats frappés au lendemain d'un jugement *désagréable* et contraints à rendre des *services* plutôt que des *arrêts*, de ces cours et tribunaux transformés en bureaux de dénonciation, où tout bon républicain appelle les rigueurs du garde des sceaux sur le collègue dont il convoite la place. Cela m'entraînerait trop loin et je ne veux pas faire de personnalités.

Tout cela n'est rien auprès des menaces dirigées contre l'inamovibilité de la magistrature, menaces sinon encouragées du moins tolérées par les successeurs des Séguier, des Molé, des Lamoignon et des Malesherbes !

Du jour où l'on touchera à cette arche sainte, c'en est fait de l'indépendance, de la dignité, du prestige d'un des premiers corps de l'Etat et les justiciables tomberont fatalement entre les mains d'intrigants, qui n'auront dû leur position ou leur avancement qu'à la politique ou à la camaraderie.

Un des actes de faiblesse les plus déplorables de M. *Le Royer*, c'est de s'être laissé imposer par la *radicaille* la révocation de la plupart des juges de paix. S'il est une fonction qui doive rester toujours en dehors de la politique, c'est celle de ces humbles et utiles auxiliaires de la justice : choisis la plupart parmi les hommes d'affaires et les anciens magistrats offrant les plus sérieuses garanties de moralité et de savoir, ils rendent à la population, et principalement à la classe ouvrière, d'immenses services, en les remplaçant par certains ambitieux du barreau et souvent par les agents électoraux des candidats républicains, M. le garde des sceaux a complété son œuvre dissolvante et s'est montré digne de figurer dans le ministère des Y. (1)

S'il est un corps constitué qui, à l'égal de la magistrature méritât d'être respecté et placé en dehors des agitations politiques et des passions révolutionnaires, c'est sans contredit le *Conseil d'État.*

Ni la Restauration, ni la monarchie de Juillet, ni la République de 48, ni l'Empire, n'avaient osé porter une main sacrilége sur cette réunion d'hommes d'Etat, de savants, de jurisconsultes distingués, dont chaque *section* représentait, dans ce qu'elle avait de plus éminent, une des branches de nos administrations publiques. Aussi y voyait-on figurer, sans que personne s'en préoccupât, des hommes appartenant à toutes les nuances d'opinion.

Je dois dire pourtant que les républicains n'y étaient pas en majorité.

Cela ne pouvait convenir à S. E. le garde des sceaux. Plusieurs pourvois contre des arrêtés préfectoraux ou municipaux, entre autres ceux des *Sœurs* et des *Frères* de la *Doctrine chrétienne* violemment expulsés de leurs établissements, ayant été jugés en leur faveur, les foudres minis-

1 Le RoYer, FreYcinet, FerrY, SaY, JauréguYberrY, CocherY.

térielles ne se firent pas attendre. De quoi aussi s'avisaient ces gens-là de vouloir être justes et impartiaux? Vite! à la porte les gêneurs!.... et le *Conseil d'État* fut *épuré* comme les parquets et les justices de paix, ce qui permit de distribuer quelques places aux amis.

Les conseillers épargnés eurent la dignité de donner leur démission, si bien que les nouveaux ne sachant pas le premier mot de leur métier, rendent des arrêts, prononcent des jugements à l'aveuglette; mais, bah! on n'y regarde pas de si près en République.

Quand on se nomme *Say*, on ne peut être qu'un financier et un économiste de premier ordre. Celui qui dirige le *département des finances* en est encore à faire ses preuves, et je dois dire que ses débuts n'ont pas été heureux : son *amortissable* a fait un *fiasco* complet et c'est à grand'peine qu'il a été couvert.

Quant à sa fameuse aventure de la *conversion des rentes*, elle reste encore à éclaircir.

Il lui sera toujours difficile d'expliquer comment il s'est fait que le syndic des agents de change (et dit-on quelques intimes) connussent le rejet du projet de conversion plusieurs heures avant l'affichage *en Bourse*, et comment certains individus et certaines *dames* ont pu réaliser des bénéfices d'un million en jouant à coup sûr?... Mystère! mystère!

On est également en droit de se demander comment nous sommes menacés d'un nouvel *emprunt* d'un milliard, alors que le gouvernement accuse un rendement d'impôts au-dessus de toutes les prévisions et qu'il est obligé, pour trouver l'emploi de son argent, de s'embarquer dans les projets fantastiques de M. de *Freycinet?*

On a beaucoup parlé et surtout beaucoup déblatéré contre ce qu'on appelait la *corruption de l'Empire;* les fortunes scandaleuses qui s'y étaient édifiées, les banques, les sociétés industrielles de crédit, d'assurances, etc., etc., qu'il avait vues naître !

Ce que je puis affirmer, c'est que l'Empereur avait horreur de tout ce qui pouvait ressembler à un *tripotage de bourse*, et qu'il préférait payer sur sa cassette les dettes contractées par certaines personnes de son entourage, plutôt que de les voir recourir au jeu ou à la spéculation pour se remettre à flot. Tous ceux qui, à son insu, ont voulu jouer à la *Bourse* s'y sont ruinés, tandis que les amis de M. *Gambetta* (qui comme leur patron marchaient sur leurs tiges lorsque la manne républicaine s'est répandue sous leurs pas) roulent aujourd'hui carrosse, et sont plus ou moins mêlés aux brocantages du *Temple de Plutus*.

Chaque jour voit surgir une nouvelle *affaire*, une nouvelle émission d'actions, d'emprunts, d'obligations, de coupons, etc., destinés à jouer le rôle d'une pompe aspirante et à soutirer de la poche et du bas de laine de *Gogos* de province, les beaux écus qui vont se fondre dans la caisse des *Robert-Macaire* de la haute *flibuste* parisienne.

Un des événements financiers les plus scandaleux qui se

soient produits dans le monde de la Bourse, est la formation et surtout la réussite de la *Banque Européenne*, sous la haute direction du sieur *Philippart*. (1)

Comment? voilà un *belge* dont le nom a retenti devant tous les tribunaux de *Bruxelles* et de *Paris*, un failli plus ou moins réhabilité, qui à sa sortie de prison ose se mettre à la tête d'une banque (au capital de 100 millions) dont les attributions sont à peine définies? Et les capitaux d'affluer! et les gros bonnets de la finance de lui prêter leur concours?

Et savez-vous ce qu'ils répondent lorsqu'on leur demande le motif de leur engouement?

« Il est si habile! il s'est tiré si adroitement de sa faillite » et des mains de la justice, que ses actions sont capables de » faire une prime considérable, surtout dans les commence- » ments. »

Mais comment cela finira-t-il? Ne craignez-vous pas une catastrophe?

« C'est le cadet de mes soucis ; d'ici là, nous aurons repassé » nos actions au bon public et le tour sera joué. » (2)

Voulez-vous que je vous dise la comparaison qui me vient sur les lèvres? C'est celle d'un monsieur qui parierait à l'écarté pour un joueur qu'il saurait être un *grec* faisant sauter la coupe.

Ne venez donc plus nous parler de l'*Empire* qui du moins faisait de grandes choses, enrichissait tout le monde par le travail, l'industrie, les grands travaux! de l'Empire qui reconstruisait Paris et en faisait une ville de palais, tandis que vos amis, retour du bagne, n'ont su que le pétroler.

1. Administrateurs : E. Brelay, député de Paris; E. David, député du Gers; Fourcand, sénateur.

2. Trois semaines après la publication de cet article Philippart était en fuite.

A la suite de quelques scandales financiers et surtout de la baisse qui s'est produite récemment sur la rente et diverses valeurs industrielles, M. *Léon Say* se serait, dit-on, ému et préparerait un projet de loi pour réglementer les nouvelles émissions de titres. Il serait question, entre autres mesures, de celles qui empêcheraient la négocation d'actions soi-disant libérées, sur lesquelles il n'a pas souvent été versé un centime ; nous verrons ce qui sortira de ces belles résolutions.

Il ferait bien, par la même occasion, d'interdir aux députés de trafiquer de leur nom et de leur position, pour se faire colloquer avec un traitement ou une remise d'actions libérées dans ces compagnies d'assurances, des banques, des sociétés de crédit, etc., etc.; ce sont des fonctions qu'il faut abandonner aux *grands-croix* de l'*Eléphant blanc*, aux commandeurs de *Saint-Marin* et aux officiers de l'ordre du *Nicaragua!*

Le mieux pour notre amour-propre national serait de parler le moins possible du département des *affaires étrangères* où trône l'anglais *Waddington*.

Notre rôle en *Europe* est assez effacé, notre action diplomatique assez nulle, pour qu'on soit en droit de demander ce qu'on a été faire au congrès de *Berlin*, sinon apposer notre signature aux résolutions de la *Prusse*. C'est tout au plus s'il nous a été permis d'émettre un vœu *platonique* en faveur de la *Grèce*, qui continue à attendre une rectification de ses frontières.

Pendant que M. Waddington se promenait dans ses propriétés de l'*Aisne* et qu'il prononçait des harangues électorales, un traité d'alliance se concluait entre l'*Autriche* et l'*empire d'Allemagne*. Contre qui ? Notre ministre serait bien embarrassé de le dire ! Mais tout porte à croire que c'est contre la nation *qui troublera l'ordre de l'Europe monarchique*. Pour peu que vous rapprochiez cet énoncé des articles des journaux de *Berlin* et de *Vienne*, vous arriverez à cette conclusion, c'est que nous aurons deux millions d'hommes sur les bras le jour où la République tombera entre les mains de la *radicaille communeuse*.

Les admirateurs des hautes capacités diplomatiques de M. *Waddington* proclament bien haut que cette alliance est dirigée contre la Russie ; mais il faudrait méconnaître les liens d'amitié et de parenté qui unissent les deux empereurs d'Allemagne et de Russie, pour admettre la possibilité d'une guerre entre eux ; M. *de Bismarck* lui-même a dû s'incliner devant la volonté formelle de son maître. Ce pauvre M. *Waddington* se trouve dans une position des plus embarrassantes, et, qu'on me passe l'expression... entre deux selles !

Notre intérêt, notre position géographique, nos antécédents diplomatiques nous jettent, pour ainsi dire, dans les bras de la *Russie* (qui seule a empêché les *Prussiens* de nous envahir de nouveau il y a trois ans) ; l'*Allemagne*, placée entre les deux puissantes nations du *Nord* et de l'*Est*, est comme paralysée et hors d'état d'agir efficacement contre l'une ou l'autre. Mais voilà où commencent les embarras et les tribulations de notre anglo-ministre des affaires étrangères, la *Russie* et l'*Angleterre* sont à couteaux tirés et à la veille, peut-être, de se mesurer dans l'extrême *Orient*. Si la France se rapproche trop étroitement de la *Russie*, elle se fait une ennemie de l'*Angleterre*, toute prête, ainsi que lord *Salisbury* ne s'est pas gêné pour le dire à *Manchester*, à se joindre à l'alliance *allemande-autrichienne*.

Nous restons donc complètement isolés en *Europe*, privés de toute alliance, même avec l'*Angleterre*, qui, selon son habitude, se rangera du côté du plus fort et où son intérêt l'appellera ; et puis, il ne faut pas croire que nos voisins voient d'un très-bon œil notre République tourner au *communisme* et au *socialisme ;* les échantillons de *fripouille* radicale qu'on ramasse tous les soirs dans les tavernes de *Rupert street* ne sont pas faits pour leur inspirer de vives sympathies, et pour leur faire oublier les sentiments de respect et d'amour qu'ils n'ont jamais cessé de témoigner à leur reine et à la famille royale. Nous croyons donc devoir être dans le vrai en disant que le jour où l'extrême-gauche unie aux *communards* et aux *amnistiés* se sera emparée du pouvoir, nous serons attaqués à la fois par toute l'Europe monarchique. Qu'on se le dise ! !

Pas plus que ses collègues, M. *Waddington* n'a su résister aux exigences des radicaux et aux ordres du *maître*.

La nomination de M. *Challemel-Lacour*, le trop fameux proconsul de Lyon au 4 Septembre, peut être considérée comme un défi et une bravade à l'adresse des monarchies et du corps diplomatique européen. Le jour même où ce monsieur arborait le drapean de la France sur l'hôtel de l'ambassade de *Berne*, il était condamné à 70,000 francs de dommages-intérêts au profit des religieuses de *Calluire*, dont il avait violé le domicile à la tête des brigands armés de la *Commune lyonnaise*. Pour un joli ambassadeur, voilà un joli ambassadeur ! Mais je doute que de pareils choix relèvent notre prestige vis-à-vis de l'*Europe* monarchique !

On s'est empressé de mettre de côté les grands seigneurs qui représentaient la France à l'étranger, ces vétérans blanchis sous les harnais, pour lesquelles la science diplomatique n'avait plus de secrets ; on les a remplacés par des amis de M. *Gambetta*, qui ne savent même pas saluer et se présenter dans un salon. C'est peut-être conforme aux mœurs républicaines, mais dans tous les cas ce n'est pas adroit, et l'isolement dans lequel on nous laisse est la conséquence forcée de ces choix déplorables.

Tel qu'il est, cependant, M. *Waddington* est un *gentlemen* bien élevé, parlant à peu près la langue diplomatique èt pouvant au besoin figurer dans un congrès et une cérémonie publique. On affirme qu'il n'a pas dissimulé à ses collègues le danger et le mauvais effet des choix qui lui ont été imposés; aussi parle-t-on déjà de son remplacement par un *Challemel-Lacour* quelconque, et ce jour-là (et il n'est pas éloigné peut-être), je puis vous certifier que tous les ambassadeurs des puissances étrangères demanderont leurs passeports... Dans le royaume des aveugles... etc...C'est pourquoi nous devons souhaiter le maintien de *Son Insuffisance* M. Waddington!

Nous avons gardé pour la bonne bouche S. E. *Jules Ferry*, ministre de l'instruction publique et des cultes, grand-maître de l'Université, etc., etc.

Voilà un gaillard dont l'intelligence et la capacité ne s'élevaient pas au-dessus de ce qu'on exige d'un sous-chef de bureau ou d'un maître d'études, que son physique et ses bonnes manières semblaient prédestiner à verser des *bocks* et des *mazagrans* accompagnés du *Boum!!!* traditionnel; que la République bombarde d'emblée à une des premières fonctions de l'Etat.

Après avoir débuté à l'entrepôt des vins de Bercy, il se

faufila, je ne sais comment, à la *Chambre*, où il jouait les comparses et les utilités, sans avoir jamais pu aborder les premiers rôles. Il a pensé judicieusement qu'il devait, par une action d'éclat, forcer la renommée à s'occuper de sa médiocre personnalité, et il a tiré le *coup de pistolet* de l'article 7.

On raconte qu'*Alcibiade*, après avoir été le *lion* et le chef des *petits crevés* d'Athènes, s'aperçut un jour qu'on ne s'occupait plus de lui et qu'il était comme qui dirait *démodé !*

Que fit-il ? il possédait un chien magnifique, remarquable surtout par sa queue en trompette, il la lui fit couper. Grand émoi dans le monde des *Laïs* et des *Phrynées ;* de l'*Acropole* au *Parthénon*, on ne s'abordait plus que par ces mots : « Vous savez, mon bon ! *Alcibiade* a fait couper la queue » de son chien ? Quel peut être le motif de cet acte *canicide ?* »

Le soir, quand il parut à sa stalle d'orchestre, tous les binocles de ces *petites dames* se braquèrent sur lui, tous les gommeux de la République vinrent lui serrer la main et pendant quelques jours il put croire qu'il avait reconquis son prestige.

En proposant sa fameuse loi, *Ferry sept* n'a eu qu'un but : faire parler de lui, donner un gage à la gauche radicale et se faire pardonner son élévation insensée !

Le calcul n'était pas mauvais. Jamais, en effet, il n'a été fait autant de bruit autour d'une loi qu'autour de celle de l'enseignement, qui a pris le nom de son parrain. Voilà du coup *Ferry sept* classé parmi les *Jules* les plus célèbres, et son article 7 est devenu pour lui l'équivalent de la queue du chien d'*Alcibiade*.

Trouvant, sans doute, qu'il n'avait pas assez fait pour sa gloire, il s'est mis à promener dans toute la France son chapeau *tromblon*, ses favoris en *côtelette*, et ses harangues anti-religieuses. Il est rentré à Paris avec une veste des mieux conditionnées, et le nombre écrasant des signatures protestant contre la *loi Ferry* rapproché des rares adhésions qu'elle a recueillies, auraient dû lui ouvrir les yeux s'il était possible de faire voir clair à un aveugle.

Il est à peu près certain que la loi sera blackboulée par le Sénat. Il voudrait bien trouver un moyen de battre en retraite, ou du moins de reculer indéfiniment une discussion à laquelle son portefeuille est suspendu, mais il s'est tellement avancé qu'il faut qu'il aille de l'avant, quitte à tomber étouffé par son article 7.

On se tromperait fort si on croyait que *Ferry sept* tienne énormément à l'expulsion des *Jésuites* et des corporations non autorisées ; peu lui importe que l'enseignement soit laïque ou religieux, qu'il soit donné par des *Frères* ou des instituteurs municipaux ! Il ne tient qu'à une chose, à son portefeuille ; et comme je l'ai dit plus haut, il a voulu tirer un coup de pistolet ; heureusement que le Sénat est là pour faire rater l'amorce !

Croyez-vous que nos soi-disant républicains soient beaucoup plus attachés à la République ? ils s'en soucient comme d'une guigne. Pour eux, la République c'est la vache à lait, c'est la satisfaction de tous leurs appétits, de toutes leurs convoitises, c'est l'émargement au budget, la source inépuisable des gros traitements, des honneurs, des galons, des broderies et du *panache !*

Le jour où par impossible une Chambre véritablement *démocratique* voterait la gratuité de certaines fonctions publiques, telles que celles de ministre, de préfet, sous-préfet, de juge de paix, etc., vous verriez ce que pèsent dans l'âme de nos *émargeurs* les convictions républicaines, et ils s'empresseraient de déposer leur démission sur l'autel de la patrie.

Malheureusement, on a beau créer des places et des emplois nouveaux, envoyer MM. *Grévy* et *Gent* remplacer des généraux et des amiraux dans le gouvernement des colonies (il est bon de dire, à propos de ce dernier, que le besoin de moraliser la *Martinique* et de lui faire comprendre que la question des *sœurs* se faisait généralement sentir) le flot des quémandeurs de places, monte, monte toujours ? Lorsqu'une couche est gavée, repue, *satisfaite*, il s'en élève une seconde, puis une troisième, non moins âpre à la curée et demandant elles aussi leur os budgétaire à ronger. On a dû donner satisfaction à ces meurt-de-faim, augmenter les traitements de ces fonctionnaires, qui coûtent aujourd'hui *32 millions de plus que sous l'Empire.*

Nous ne sommes pourtant pas au bout. Ne va-t-il pas falloir pourvoir aux besoins des *citoyens égarés* retour du bagne de *Nouméa?*

Tandis que de bons ouvriers, pères de famille, meurent de faim et cherchent vainement du travail dans nos mines fermées ou nos ateliers *en grève,* on organise des comités de secours, on fait des quêtes, on trouve des emplois lucratifs pour ces bandits et ces assassins! On n'en est pas encore arrivé à leur accorder des pensions *(pour services exceptionnels),* mais on commence à les nommer conseillers municipaux en attendant la députation. Ça promet pour l'avenir.

Ce qui surtout m'exaspère, c'est de voir que, tandis qu'on a laissé revenir des prisons d'*Allemagne* nos malheureux soldats *à leurs frais ;* qu'on les a vus traînant sur les routes les lambeaux de leur chaussure et de leur uniforme, le gouvernement a frété des navires pour rapatrier ces bandits et ces *tricoteuses!* qu'il leur a retenu des places aux chemins de fer, distribué des secours de toute nature! Faudra-t-il désormais pour avoir droit aux faveurs et à la protection de l'Etat pouvoir inscrire sur ses *états de service* l'assassinat d'un général ou d'un archevêque?

Nous avons passé en revue tous les ministères, ce qu'on appelle habituellement les *administrations publiques ;* partout nous n'avons rencontré que désordre, incurie, ignorance, incapacité.

Les quelques employés capables formés à l'*école impériale* qui avaient conservé la tradition des *grands ministres* (*Billault, Rouher, Drouin de L'Huys, Troplong, Baroche*, etc.), ont été congédiés comme des laquais, pour cause de *modérantisme républicain*, et remplacés par des créatures de nos *Excellences,* qui ne connaissent pas le premier mot de leur métier ! Aussi faut-il voir comme les affaires sont traitées ! les dossiers les plus importants moisissent dans les cartons; des affaires qui demanderaient une solution immédiate sont renvoyées aux *calendes grecques* ou traitées de telle façon, qu'elles doivent faire retour aux bureaux qui se contredisent entre eux ; c'est une véritable tour de *Babel.*

Nous avons également démontré, avec chiffres et pièces à l'appui, que jamais la France n'avait été plus indignement exploitée que par la bande affamée qui s'est abattue sur elle comme les *sauterelles d'Egypte ;* que jamais les impôts n'y avaient été plus lourds, les dépenses aussi exagérées, les traitements plus scandaleusement élevés ! C'est certainement une belle chose que de posséder la *république* et de pouvoir se dire tous les matins au saut du lit « qu'on va » entrer dans l'*inexpressible* d'un citoyen libre, ne reconnaissant aucun chef, aucune loi. »

Mais *Jacques Bonhomme*, qui pourtant est d'humeur débonnaire et de caractère patient, commence *à la trouver mauvaise* et à se dire que c'est payer un peu trop cher cette douce satisfaction.

Il s'aperçoit chaque jour que sous le *tyran* il maniait plus de beaux *Napoléons* d'or qu'il ne voit aujourd'hui de pièces de cent sous à l'effigie de *dame Marianne!*

Il constate en plus, que tandis qu'il se crève de travail pour payer son propriétaire et les impôts dont il est surchargé, le petit avocat sans le sou qui était venu en patache solliciter son suffrage pour la députation, roule équipage, achète des terres, et ne daigne plus lui tirer le chapeau.

Nous serions bien ingrats envers les républicains si nous ne leur rendions cette justice, qu'ils font nos affaires beaucoup mieux que nous ne les ferions nous-mêmes!

Pas n'est besoin de soudoyer des journaux, de patronner des candidatures, de prononcer des discours à la Chambre et dans les réunions publiques! Ils se chargent, par leurs violences, leurs sottises et leur maladresse, de nous épargner la moitié de la besogne et de l'argent!

La loi *Ferry* leur aliène des millions de catholiques,

sans compter les deux *corporations religieuses* les plus puissantes et les mieux organisées qui soient au monde.

Les pères et les mères de famille qui confient leurs enfants aux *Jésuites* et aux *Universités catholiques*, avec la certitude de les voir admis avec les premiers numéros aux examens des écoles *Polytechnique*, de *St-Cyr*, de *marine*, etc., etc., n'accepteront à aucun prix l'éducation aussi athée que laïque, que MM. *Jules Ferry* et *Paul Bert* voudraient leur imposer! Ils enverront leur fils à *Gand*, à *Zurich*, à *Londres*, en *Chine* s'il le faut, excepté à ces *écoles de pestilence*, que le gouvernement abrite sous son aile tutélaire.

Il en est de même du peuple, de ce que messieurs les *talons rouges* de la république appellent la *vile multitude!* L'ouvrier a beau être républicain, abonné de la *Marseillaise*, il tient à ce que sa fille fasse sa première communion, à ce que sa femme aille à la messe. Quant à celle-ci, elle envoie ses enfants aux *frères* et aux *sœurs*, où elle sait qu'ils puiseront des principes d'honnêteté, de sagesse et de religion; la contraindre à les confier à l'instituteur municipal, c'est la blesser dans ses sentiments et ses croyances les plus chères.

Vous voudrez bien m'accorder, n'est-ce pas, que les curés des communes de France n'ont pas perdu toute influence sur leurs paroissiens, et que les faillis, les braconniers, les piliers de cabaret, les maraudeurs, etc., qui composent d'habitude, la *clique radicrasseuse*, de chaque village, ne sont pas encore parvenus à les déconsidérer et à leur faire perdre l'estime et la vénération des honnêtes gens.

Croyez-vous qu'ils professent une bien vive tendresse pour un gouvernement qui tolère les enterrements et les mariages *civils*, accepte en principe la séparation de l'Eglise et de l'Etat, et ménage des entrées triomphales aux assassins de Mgr l'archevêque de Paris, de l'abbé *Deguerry* et des *Dominicains d'Arcueil.*

Autant à ajouter à la liste des ennemis irréconciliables de la République !

Pauvre *Marianne !* elle a beau se montrer bonne fille et peu difficile sur le choix de ses amants, personne n'en veut plus ! Ceux-là même auxquels elle a prodigué ses faveurs, la dédaignent aujourd'hui !

Depuis qu'ils ont échangé leur mansarde contre un *hôtel*, il leur faut des marquises, de la soie, du velours. Et c'est à peine s'ils se souviennent qu'ils sont arrivés à Paris avec leurs gros sabots !

J'admets volontiers qu'un parti soit violent, exclusif, passionné : la politique a de ces entraînements auxquels il est difficile de résister ; mais ce que je ne saurais lui pardonner, c'est d'être *bête !*

Or, si l'on veut examiner de près les actes de nos gouvernants, si on prend la peine de lire les circulaires, les discours de certains de nos ministres et des conseillers municipaux de la bonne *ville de Paris*, on ne tardera pas à se convaincre d'une chose : c'est que si la République ne se noie pas dans le sang, elle tombera par le ridicule, la bêtise et l'incapacité de ses agents.

Que voulez-vous attendre de bon de ministres qui passent leur temps à faire des circulaires pour réglementer le service des aumôniers auprès des malades des hôpitaux ; qui chassent de leur chevet les *bonnes sœurs hospitalières* pour les remplacer par de vieilles tricoteuses salariées ; d'un conseil municipal qui, au lieu de percer des rues comme sous le préfet *Haussmann*, s'amuse à les débaptiser, et à remplacer les noms des illustrations de la France par ceux d'un tas d'inconnus, qui n'ont eu d'autre mérite que celui d'avoir été républicains sous la République.

Je vais vous faire un aveu qui me coûte : c'est que la République, malgré ses inconvénients, ses imperfections, les antipathies qu'elle soulève pouvait, sinon s'établir définitivement en France, du moins y durer quelque temps. Mais, pour cela, il eut fallu mettre dehors tous les *républicains ;* ce que ces gens-là ont accumulé de fautes, de maladresses, de sottises, suffirait pour renverser le gouvernement le mieux établi, — à plus forte raison celui qui ne tient que par un fil.

Sans revenir sur ce que j'ai dit plus haut, je ne m'occuperai que de la question des fonctionnaires publics de l'*Empire* et de la *razzia* impitoyable qui en a été faite.

Comment ? voilà un gouvernement qui arrive avec des hommes nouveaux, ayant vécu jusqu'à ce jour en dehors des affaires et de la science administrative ; qui a la bonne fortune de trouver sous la main un personnel admirablement organisé et discipliné, jouissant, en général, de la confiance et de l'estime des administrés ; qui au lieu de chercher à se les attacher et à les retenir, s'empresse de faire table rase, pour les remplacer par des culotteurs de pipe et des professeurs de carambolage !

Mais, m'objectera-t-on, auraient-ils consenti à servir la République ? Ma réponse est toute prête : ils sont presque tous rentrés au 15 mai, et je ne sache pas (quoi que les radicaux aient pu dire) que MM. de *Broglie* et de *Fourtou* aient jamais renié la République et qu'ils aient été les ministres du *duc d'Aumale* où *du comte de Chambord !*

Seulement, il y a République et République ; celle que les anciens préfets et sous-préfets de l'*Empire* eussent servie (sinon avec plus de zèle et de dévouement, du moins avec plus d'intelligence que leurs successeurs), eut été une République sage, modérée (*exactement le contraire de celle dont nous jouissons*). Cette République, je le répète, était possible, et beaucoup de fonctionnaires qui ne professent pas comme nous le culte absolu, exclusif, *intransigeant* du *souvenir*, s'y fussent aisément ralliés.

Combien de temps tout cela durera-t-il ? Nul ne peut le prévoir. Il est possible qu'en expiation de nos péchés, nous soyons condamnés à passer de nouveau par la *Commune* et l'invasion, comme aussi la Providence peut faire surgir un sauveur.

S'ensuit-il que nous devions conspirer pour renverser l'*état de choses* actuel ? Dieu nous en garde ! Comme certains fruits avariés, la République tombera d'elle-même, sans qu'il soit nécessaire de secouer l'*arbre de la liberté*, et rien ne serait plus maladroit que de fournir à nos ennemis les occasions de sévir qu'ils recherchent si avidement.

Ce qui les déroute, les dépite et les enrage, c'est précisément notre calme, notre sérénité et notre confiance inébranlable dans un avenir meilleur.

Il ne faut pas se le dissimuler, la République peut se comparer à un engrenage : aussitôt que la main y est engagée, il faut que le corps tout entier y passe.

Elle est fatalement condamnée à devenir, d'*aimable*, d'*athénienne*, d'*opportuniste*, — *radicale*, *sociale* et *communarde*.

La monarchie, qu'elle s'appelle Empire, Royauté absolue où Constitutionnelle, est limitée par la *Charte* ou la *Constitution*, et pondérée par les deux pouvoirs, *exécutif* et *législatif;* tandis que la République n'a ni bornes, ni limites ; il faut, comme le *Juif-Errant*, qu'elle aille toujours de l'avant (seulement, pour peu que cela continue, nous ne sommes pas sûrs d'avoir comme lui toujours 5 sous dans notre poche). Grâce à la faculté de réviser la Constitution, on ne saurait prévoir à quelle aventure elle est prédestinée !

Tout homme honnête et consciencieux qui, effrayé du chemin parcouru, voudrait s'arrêter et faire *machine en arrière*, serait jeté sous les roues et broyé par la machine. Il en est peu qui aient le courage de s'y exposer, et tout en blâmant les excès de leurs chefs de file, tout en tremblant pour leur fortune et l'avenir de leurs enfants, ils continuent à leur emboîter le pas, et à les suivre jusqu'à ce qu'ils les précipitent dans l'abîme.

On n'en finirait pas si on voulait relever tous les actes d'arbitraire, d'inconséquence et de despotisme commis par nos maîtres de l'heure présente.

Le *suffrage universel* nomme à une immense majorité des députés bonapartistes, on les invalide en masse, sans même se donner la peine de fournir un motif.

Le *Sénat* refuse de sanctionner une loi votée par l'Assemblée, on menace de le mettre à la porte : nous avons dit ce qu'on avait fait du *Conseil d'Etat*. Quant à la *liberté de la presse* pour laquelle les grands hommes qui nous gouvernent ont rompu des lances et dépensé des flots de salive et d'encre, il suffit de parcourir la *Gazette des Tribunaux* pour voir que jamais les journaux n'ont été plus traqués, plus condamnés.

Le ministre de *la justice*, après avoir fait condamner le journal de *Rochefort* au *maximum* de la prison et de l'amende, est obligé de recourir à une loi de l'*Empire*, tombée en désuétude, pour briser la plume du terrible polémiste. La *censure*, loin d'être abolie, fonctionne avec plus de rage que jamais; journaux satiriques, dessins, pièces de théâtre, doivent passer par ses ciseaux! Autant elle se montre tolérante pour les attaques contre le clergé, l'Impératrice, le malheureux *petit prince*, autant elle est sévère pour tout ce qui regarde nos *Excellences d'occasion*. Le *cabinet noir* continue comme par le passé son petit travail occulte; enfin, pour changer..... c'est toujours la même chose, et les hommes qui, lorsqu'ils étaient dans l'opposition, avaient plein la bouche du mot de *liberté*, la foulent outrageusement aux pieds, aujourd'hui qu'ils sont au pouvoir.

Et voilà ce qu'ils osent appeler une République? *Mirmidons*, qui arrivent à peine à la cheville des géants de 89! Ceux-là du moins avaient le courage de leur opinion, ils faisaient tomber la tête de leurs ennemis, et c'est au milieu d'un fleuve de sang qu'ils fondaient la liberté, la démocratie, et qu'ils préparaient la grandeur de la France Impériale; leurs fils dégénérés se contentent de faire la guerre aux prêtres, aux religieuses et de destituer des gardes champêtres et des facteurs ruraux!

Les représentants du peuple se montraient à la tête de nos armées, toujours les premiers au feu ; les nôtres se tiennent prudemment à 100 lieues de l'ennemi et fument des *cigares exquis*, tandis que les malheureux soldats qui ont eu foi en leurs belles paroles et qu'ils ont provoqués à *la guerre à outrance*, périssaient de faim, de froid et de misère dans les neiges du *Jura*.

Enfin, *Cambon*, après avoir manié des millions, laissait à peine de quoi se faire enterrer, tandis que *Léon le magnifique* éclipse par son luxe et sa fortune (acquise on ne sait comment) les princes de la finance et de l'aristocratie !

IIe SÉRIE

ÉLECTEURS ET ÉLUS

PARIS ET LA PROVINCE

Lorsqu'il se rencontre dans une famille un jeune homme incapable d'administrer sa fortune et de diriger ses affaires, on lui nomme un *conseil judiciaire*, qui, tout en pourvoyant largement à ses besoins et même à ses fantaisies, l'empêche de consommer sa ruine.

C'est presque toujours un charmant garçon plein d'esprit et de cœur, accessible à toute idée noble et généreuse, sachant, au besoin, se priver d'un plaisir pour une œuvre de charité, vaillant comme une épée, possédant, en un mot, toutes les qualités.... excepté une seule...., l'*esprit de conduite.*

Au-dessous de ce portrait, au lieu d'un nom d'homme,

inscrivez celui du *Parisien ;* Il y aura bien peu de chose à changer à mes appréciations et aux conséquences que je veux en déduire.

Oui, mes très-chers compatriotes ! vous êtes pétris de qualités suffisantes pour faire votre bonheur et celui de la France. Vous êtes les plus spirituels de la nation la plus spirituelle du monde ! Vous avez montré pendant le siége que vous étiez aussi braves que vos chefs étaient couards ! Vous avez tous les nobles instincts, tous les généreux dévouements. Seulement.... vous manquez d'une manière absolue de *sens commun politique*.

Etant donnée une situation où la raison indique qu'il faut marcher à droite, on peut parier à coup sûr que vous irez à gauche. Si l'intérêt général et le salut public conseillent impérieusement de voter blanc, c'est un bulletin cramoisi qui sortira de vos urnes.

Ni les leçons de l'expérience, ni les calamités et les ruines que chaque révolution laisse derrière elle n'ont pu vous corriger, et vous avez saisi avec enthousiasme l'occasion qui vous était offerte de réinstaller sur les ruines de votre *Hôtel-de-Ville* les bandits qui l'avaient fait flamber.

Je me fais fort de démontrer d'une manière incontestable que tous nos maux, tous nos désastres proviennent de ces causes, et que c'est à Paris seul qu'il faut les imputer.

Trouvez-moi une période plus tranquille, plus prospère

pour la capitale que celle qui s'est écoulée de 1815 à 1830 ? Un gouvernement plus doux, plus paternel que celui du pauvre Charles X ? Jamais les impôts ne furent plus légers, le commerce plus florissant. Si des fortunes scandaleuses ne s'élevaient pas en deux ans, tout commerçant sage e économe était certain d'arriver à une honnête aisance après quelques années de travail ; et on ne comptait pas comme aujourd'hui les faillites par milliers.

Les salaires, il est vrai, n'étaient pas si élevés ; en revanche, la vie matérielle était d'un tiers meilleur marché, les loyers accessibles à toutes les bourses, et, en somme, l'ouvrier beaucoup plus heureux qu'aujourd'hui. Ajoutons à ce tableau un trait qui n'est pas à dédaigner : c'est que le budget de 1829 se soldait par un excédant de 80 millions.

Mais il est démontré que la durée moyenne d'un gouvernement en France est de 16 à 18 ans. Par un beau jour de juillet, les Parisiens crurent s'apercevoir qu'ils n'étaient pas suffisamment libres. Prenant fait et cause pour des journalistes (à peu près seuls visés par les fameuses ordonnances), ils se mirent à crier : *Vive la Charte !* et à faire des barricades ; on eut bien embarrassé ceux qui les construisaient, en leur demandant ce qu'ils voulaient obtenir !

Cette première révolution coûta plus de 1 milliard au commerce de Paris, elle amena la ruine des maisons les plus solides, mais les bourgeois eurent la douce satisfaction de parader et de patrouiller à pied et à cheval, dans des uniformes variés, sous le commandement de la *liberté des deux mondes !*

Les 18 années de la monarchie de Juillet furent, à vrai dire, le règne de la bourgeoisie parisienne. Le *roi citoyen* affectait les allures d'un boutiquier de la rue Saint-Denis, et son parapluie est devenu historiquement légendaire, comme la redingote grise du *Petit Caporal.*

La prospérité de la capitale y prit un nouvel essor ; c'est de 1830 que date l'immense développement imprimé aux travaux publics et la transformation de l'antique *Lutèce.*

« Enrichissez-vous ! la paix partout et toujours ! » disait M. Guizot. Ce programme, fidèlement suivi, avait surtout profité à Paris, devenu le centre commercial, auquel toutes les lignes ferrées venaient aboutir.

Qui ne se rappelle ces grandes compagnies industrielles, ces institutions de crédit, ces entreprises gigantesques, ces millions qu'on semblait remuer à la pelle et dont les chiffres vertigineux flamboyaient sur les murs !

Les dernières années de l'Empire peuvent seules fournir un équivalent de cette splendeur et de cette prospérité inouïe. Elles ne devaient pourtant pas satisfaire messieurs les bourgeois de Paris. Ils étaient gorgés de richesses et d'honneurs ; des industriels, des fabricants, des étuvistes étaient devenus barons, pairs de France ou ministres ; grâce à la garde nationale, des petits boutiquiers avaient pu attacher le ruban rouge à leur boutonnière et s'asseoir à la table du roi.

Mais voilà que le 24 février 1848 Paris se réveille au cri de : *Vive la Réforme!* Que voulaient-ils réformer? on n'a jamais pu le savoir. Mais un tas d'avocassiers, de médicastres, d'aspirants députés, de folliculaires sans patrimoine et sans talent, éprouvaient le besoin de l'*adjonction* de leurs *capacités* respectives, et à la suite des *veaux patriotiques* organisés par l'opposition libérale, Louis-Philippe est renversé et la République proclamée.

Les *glorieuses* de Juillet avaient servi de modèle, et, pour ainsi dire, de moule à la révolution de Février, qui, à son tour, devait être parodiée le 4 Septembre 1871.

Elles inaugurèrent l'ère sanglante des barricades, des assassinats de généraux et d'archevêques.

Si Mgr de *Quélen* (dont le palais fut pillé et envahi), si le maréchal de *Marmont* ne furent pas massacrés, c'est qu'ils s'étaient dérobés à la fureur des *héros de Juillet.*

Ceux de 48 furent plus *pratiques*, Mgr *Affre* et le général de *Bréa* tombèrent sous les coups des assassins, dont on devait retrouver les fils et les élèves à la *Roquette*, aux rues *Haxo* et des *Rosiers.*

L'attentat du 15 mai fut le premier acte et comme la préface de l'insurrection de Juin.

L'élément communiste, développé dans les conférences du Luxembourg, sortit tout organisé et tout armé des clubs et des *ateliers nationaux.*

Le préfet de police *Caussidières* faisait déjà pressentir les horreurs de la *Commune* de 1871 :

« Que les hautes classes soient sages, écrivait-il ; sinon, » elles seront écrasées. Si elles se laissaient aller à la » moindre réaction, 400,000 travailleurs attendent pour » faire table rase de Paris. Ils ne laisseront pas pierre » sur pierre ; et, pour cela, ils n'auront pas besoin de » fusils : les *allumettes chimiques* leur suffiront ».

Ces paroles n'exhalent-elles pas une odeur de pétrole? et ne voyez-vous pas déjà *flamber Finances* à travers un nuage sanglant? S'il faut en chercher la confirmation, nous la trouvons dans la lettre de *Grandménil* adressée à son frère, fabricant de matières pyrotechniques à Angers.

« *Marc* vous recommande vivement de fabriquer dans le » plus grand secret et d'apporter à Paris quelques-unes de » vos bombes. Ne craignez rien, etc. »

Voilà qui est clair et limpide! Eh bien, nous verrons tout à l'heure la conduite des Parisiens à l'égard de cet affreux gredin!

L'enquête parlementaire qui eut lieu à la suite de l'envahissement de l'Assemblée nationale, démontre que la bande était commandée par *Blanqui*, *Sobrier*, d'accord avec *Barbès* et *Raspail*, qui devaient opérer à l'extérieur.

L. Blanc avait harangué les envahisseurs, le général *Courtais* leur avait fait ouvrir les grilles; quant à *Marc Caussidières*, il avait fait le mort, attendant à la préfecture le succès de l'un ou de l'autre parti pour se prononcer; malgré cela, il se trouva si compromis, qu'il dut donner sa démission de représentant.

Des élections ont lieu. — Savez-vous quels sont les premiers noms qui sortent de l'urne ?

Caussidières, L. Blanc, Lagrange, à défaut de *Blanqui, Sobrier, Barbès* et *Raspail,* condamnés par la *Haute-Cour*. Ne fallait-il pas donner un témoignage d'estime aux misérables qui avaient déchaîné sur Paris les pillards et les assassins ?

C'est à se demander si on rêve et si de pareilles choses ont pu arriver !

Mais nous en verrons bien d'autres ! *Caussidières, Blanqui* et *Sobrier* n'en étaient encore qu'à la *théorie*. Il nous sera donné de voir élire en 1872 des communards qui y ont joint la *pratique* et en 1879 les *chevaux de retour* du bagne de *Nouméa*.

La conséquence forcée de pareilles élections fut d'augmenter l'audace des brigands dont Paris était infecté. La terrible insurrection de Juin vint donner un salutaire avertissement aux électeurs de *Caussidières* : ils prirent bravement le fusil, et on put croire un moment qu'ils avaient ouvert les yeux et qu'ils allaient balayer l'écume soulevée par la révolution de 48.

Le général *Cavaignac* fut acclamé par la garde nationale

et la bourgeoisie parisienne, non-seulement on ne lui marchanda ni le pouvoir ni l'autorité, mais il dut résister aux entraînements d'une réaction exagérée, qui le poussait aux mesures les plus violentes.

Si on eût alors écouté les *héros de la banlieue*, on n'eût fait aucun quartier aux insurgés pris les armes à la main, on eût déporté en masse les *ateliers nationaux* et fusillé les chefs.

Une fois le danger passé, l'esprit d'opposition naturel au Parisien prit le dessus. Le général *Cavaignac* était le *Pouvoir*, donc il fallait lui donner une leçon ; à son tour il fut attaqué avec une violence inouïe par les journaux et dans les clubs : j'ai sous les yeux une lithographie où il est représenté foulant aux pieds le cadavre d'un ouvrier, et essuyant son sabre rouge du sang du peuple. Les insurgés de Juin n'étaient plus que des *frères égarés*, et leurs vainqueurs des assassins (exactement comme en 1871, les *communards* et les *Versaillais*).

L'élection du prince *L. Napoléon* à la présidence fut un véritable coup de théâtre ; elle déconcerta les calculs de bien des gens qui se croyaient assurés, au moins pour Paris, d'une immense majorité en faveur du général *Cavaignac*.

Sans vouloir contester l'opportunité et le caractère

providentiel de ce vote (qui seul pouvait nous débarrasser de la République), il n'en est pas moins vrai qu'au *point de vue exclusivement parisien,* il était entaché d'imprévoyance et d'ingratitude.

Que la Province eût voté en masse pour *Napoléon,* je l'aurais compris; mais que les Parisiens aient si vite oublié les services du général qui les avaient sauvés pour se jeter dans l'*inconnu*, c'est ce qui ne peut s'expliquer que par la versatilité de leur caractère, et le besoin de voter toujours contre le pouvoir établi; ajoutons, pour mémoire, que *Cavaignac* représentait alors leur république si chère! et que *Napoléon* laissait entrevoir l'*Empereur!* Explique qui pourra ces contradictions et ces anomalies!

Le Prince président n'eut qu'à se présenter pour renverser la République; c'est en vain que ses derniers défenseurs firent un appel au peuple de Paris. Il laissa faire le coup d'Etat et coffrer MM. *Thiers, Cavaignac* et *Changarnier,* sans donner signe de vie.

L'Empereur fut acclamé comme le sauveur de la société; et, pendant quelques années, sa popularité fut sans égale!

Mais aussi que ne fit-il pas pour Paris?

On eût dit que le reste de la France n'existait que pour fournir au luxe insensé de la nouvelle *Babylone.*

Rappelerai-je ces immenses travaux qui prirent pour ainsi dire la ville à pied d'œuvre pour la reconstruire en entier, ces boulevards dont le développement et la largeur rappelaient les *perspectives* de la *Néva* et de *Nowgorod !* ces *squares!* ces parcs! rivaux de leurs aînés de *Londres.* Ces rues de palais, ces mille monuments que la baguette d'or de l'enchanteur *Haussmann* faisait sortir de terre comme dans les contes des fées.

L'Exposition de 1867 fut le couronnement de l'édifice industriel, commercial et artistique élevé par le second Empire. Paris y affirma d'une manière incontestable sa richesse, sa prospérité et sa suprématie sur toutes les capitales. L'Exposition de *Londres* fut de beaucoup dépassée, et l'on put voir défiler sous la coupole du Champ-de-Mars *Guillaume de Prusse, Alexandre de Russie, François II d'Autriche,* le *Sultan,* sans compter les souverains et les princes de deuxième ordre. Qui eût pu prévoir alors que les soldats de *Guillaume* bivouaqueraient dans nos palais et que les chevaux de ses *uhlans* brouteraient l'écorce des arbres des Champs-Elysées.

Si quelqu'un était en droit de se plaindre, c'étaient sans

contredit les provinciaux accourus à ce spectacle grandiose, dont ils avaient en partie payé les frais ! Mais ce qu'on aurait de la peine à croire si on ne l'avait vu, c'est que le signal des attaques contre le gouvernement et contre M. *Haussmann* fut donné par les *députés de Paris.*

Le joyeux et ventripotent *Picard* assurait sa réélection et consolidait sa popularité en critiquant amèrement les *folles dépenses* du nouvel Opéra, que toute l'Europe nous envie ; l'exagération des constructions nouvelles, l'abus des expropriations, etc.

Comment donc ? des terrains achetés 100 francs le mètre étaient arrivés à 1,000 ! Une maison qui ne rapportait que 10,000 fr. était louée 50,000 fr ; toute expropriation faisait la fortune de l'exproprié ; tout marchand délogé et indemnisé pour *déplacement d'industrie*, pouvait se retirer des affaires *avec fortune faite !*

L'argent affluait, le crédit était illimité ; et, pour employer une locution parisienne, il n'y avait qu'à se baisser pour ramasser la fortune.

Décidément, un tel état de choses ne pouvait durer ! la conscience des honnêtes gens se révoltait devant une pareille corruption — chacun avait hâte de se dépouiller d'un bien si mal acquis — aussi les vertueux parisiens ne laissèrent-ils échapper aucune occasion de protester par leurs votes ou par l'organe de leurs députés !

Le lanternier *Rochefort*, l'insulteur patenté de l'Empereur et de l'Impératrice, devenu l'idole des Parisiens, avait été nommé député ; un obscur représentant de 1852, *Baudin*, était passé grand homme ; un chenapan de lettres, *Louis Noir*, avait été conduit à sa dernière demeure par 100,000 fanatiques, et peu s'en fallut qu'il ne servit de prétexte à une révolution qui était dans l'air et que tout le monde prévoyait.

Ce fut, hélas ! notre désastre qui fournit l'occasion ! les Parisiens, oubliant qu'ils avaient été les plus ardents promoteurs de la guerre, qu'ils avaient poussé l'Empereur sur la route de *Berlin*, qu'ils avaient hurlé la *Marseillaise*, lui firent un crime de son héroïque défaite. Quelques invalides de 48 se mirent à la tête du mouvement, suivant avec une scrupuleuse exactitude le programme de Février.

La Chambre fut envahie de la même manière et presque par les mêmes hommes. Les mêmes *Jules* se proclamèrent à *l'Hôtel-de-Ville* membres d'un gouvernement provisoire, avec adjonction de quelques orateurs inconnus, *Mirabeaux* de café et *Démosthènes* de brasserie ! à défaut de *Garnier-Pagès le grand*, on exhiba *Garnier le petit*, les doublures remplacèrent les chefs d'emploi.

La Province, qui venait de voter le *plébiscite* à une immense majorité, accepta avec sa résignation habituelle le nouveau gouvernement et les nouveaux préfets, comme elle accueillit quelques jours plus tard le dictateur et les momies de la *Défense nationale* que Paris leur expédiait par ballon.

Les quatre mois de siége furent des *beaux jours* pour les Parisiens. Dussé-je être accusé d'émettre un monstrueux parodoxe, je ne crains pas d'affirmer que jamais ils ne s'étaient trouvés à pareille fête. Tout le monde soldat ou officier, des képis, des galons, des vareuses, des chassepots ou tabatières, des bidons, des tentes et des couvertures de campement, des capotes bleues, grises, marron, vert billard, des bottes, et quelles bottes ! des uniformes de *francs-tireurs Parisiens*, d'*éclaireurs de la Seine*, de *tirailleurs* de *Belleville*, de *vengeurs de Montmartre*, des cantinières d'*opéra-comique*, des *amiraux suisses* de la *Courtille ;* il y en avait pour tous les goûts.

Des officiers à élire, l'exercice, la revue, les promenades militaires à la statue de *Strasbourg*, la garde au rempart, le dîner des cantines assaisonné de joyeux propos ; et puis la sortie, le cantonnement aux avant-postes, la veillée dans le gourbi, juste assez de danger pour stimuler l'amour-propre et tenir l'esprit en éveil, pas assez pour dégoûter du noble *métier des armes !*

On ne voyait jamais les Prussiens, mais on aurait pu les voir ; et, de temps en temps, un obus égaré venait affirmer leur présence. Et le retour à Paris avec ses douces émotions ? la femme et les enfants attendent le héros à la barrière ; l'aîné s'est emparé du fusil, le petit du bidon, la femme veut absolument porter le sac. — Tu es vivant ! merci, mon Dieu ! tu n'es pas blessé au moins ? les amis et les voisins attendent au logis. Quels récits palpitants d'intérêt ! quels exploits à raconter ! et si, par bonheur, on a pu rapporter un casque *prussien* ou un éclat d'obus (acheté au ferrailleur), oh ! alors, il faut renoncer à peindre l'enthousiasme !

Quant aux gardes nationaux qui ont pris part à l'affaire de *Buzenval* et s'y sont véritablement, bravement comportés, il ne serait pas rentré un homme en *Allemagne* s'ils avaient atteint tous ceux qu'ils prétendent avoir couchés sur le carreau.

Mais la *famine ?* la viande de cheval, le pain de paille, les gibelottes de rat, les côtelettes de chien, comptez-vous cela pour rien ??

Je vous répondrai *de visu* qu'à l'exception de quelques pauvres rentiers privés de leurs revenus, trop fiers pour recourir à la charité publique, trop vieux pour coiffer le képi des *gardes civiques*, personne n'a sérieusement souffert des *horreurs de la famine ;* aucune mère n'a, que je sache, dévoré son enfant, et jamais la table de M. *J. Ferry* ne fut mieux servie !

Jamais l'ouvrier ne fut plus heureux : une haute paie, des bons de pain et de viande pour sa femme et ses enfants, *légitimes ou non,* pas de loyer à payer et rien à faire qu'à jouer au soldat, — ainsi s'explique son adhésion à la *Commune* et sa répugnance à déposer le fusil pour reprendre la truelle et le rabot.

Nourris par la patrie (bis)
C'est le sort le plus beau,
Le plus digne d'envie.

Quant aux excentricités culinaires, telles que trompes d'éléphant, ailes de casoar, filets de gazelle et salmis de perroquet, elles n'étaient accessibles qu'aux grosses bourses pour lesquelles il n'y eut, à vrai dire, aucune privation réelle.

On se faisait une partie de plaisir d'aller chez *Voisin*, *Péters*, *Tavernier*, *Brébant*, et de pouvoir dire qu'on avait mangé du rat (qui a ma connaissance n'a jamais paru que sur la carte de *Lucas*).

Voici quelques additions que j'ai conservées :

CAFÉ VOISIN

N° 14.	Pain	»	25c
	Mâcon	1f	50
	Omelette rognons	4	»
	Trompe d'éléphant	4	»
	Haricots	2	50
	Café	»	30
	Cognac	»	50
		13f	75

CAFÉ VOISIN

N° 7.	Pain	»	25
	Fleury	1	75
	Bœuf mode	4	»
	Flageolets	3	»
	Café	»	50
	Liqueur	»	75
		10	25

NOEL TAVERNIER

N° 4.	Pain	»	50
	Vin	1	50
	Beurre	1	»
	Bœuf	4	»
	Abattis	5	»
	Lapereau	5	50
	Café-cognac	1	25
		18	75

Ces prix, quoique un peu élevés, ne dépassent pas de beaucoup ceux des grands restaurants à la mode en temps ordinaire, et sont même loin d'approcher de ceux de l'Exposition. Il est bon de remarquer, en outre, que les *menus* que nous transcrivons appartiennent à un *aristocrate de l'estomac*, et que les restaurants de second ordre tels que les *prix-fixes* du *Palais-Royal*, les *bouillons Duval, dîner de Paris*, etc., restèrent ouverts jusqu'à la dernière quinzaine du siége, et qu'on pouvait y dîner très-confortablement pour 3 et 5 fr.

L'approvisionnement de Paris était encore assez considérable avant la capitulation, et il a fallu toute l'ineptie des *Ferry* et Cie pour le faire disparaître dans les caves.

Voici, à l'appui, une carte de restaurant : quelques jours avant l'entrée des Prussiens :

PETER'S HOUSE
Passage des Princes, NOEL, successeur.

Dépôt de tortues.

Céleri rave	1f	50c
Beurre frais	1	75
Graisse de porc		75
Saucisson de Lyon	1	50
Riz crêpé	2	50
Tapioca croûte au pot	1	25
Vermicelle poireaux	2	50
Poissons frits	6	»

Rosbeef jus	4	»
Bœuf daube	4	50
Sauté veau bourgeoise	5	»
Abattis mouton haricots blancs	5	»
Cuisseau veau rôti	5	»
Poulet le 1/4	10	»
Asperges	4	»
Cardons au jus	3	»
Pois	2	50
Compotte Mirabelles	1	25
Poires, Pommes	2	»
Fromages	1	50
Amandes	1	25

Ne nous hâtons donc pas d'exalter l'héroïsme des Parisiens, ils trouvèrent dans le siége la satisfaction complète de leur goût pour l'uniforme et le *jeu du soldat;* il n'est pas un boutiquier garde national qui, même au prix de quelques souffrances et de quelques privations endurées, voulût renoncer au bonheur de pouvoir dire un jour à ses petits-enfants, qu'il a mangé du pain de paille et fait le coup de feu avec les *Prussiens.*

Après la capitulation, on dut procéder à l'élection des députés chargés de traiter de la paix et de régler l'indemnité de guerre. Nous étions battus, à la merci d'un insolent vainqueur, nous n'avions ni armée, ni finances, ni gouvernement; la raison et le bon sens commandaient aux électeurs d'écarter les *outranciers*, et les hommes dont le nom pouvait indisposer la *Prusse* et exciter la défiance des grandes puissances.

Les départements comprirent si bien la situation, que, faisant abnégation de leurs sentiments de patriotisme et de haine contre l'ennemi, ils firent sortir de l'urne 500 noms d'hommes de paix et de conciliation, dont plusieurs forment encore aujourd'hui la minorité conservatrice de l'Assemblée.

Les gens raisonnables et les journaux conservateurs proposaient une liste, en tête de laquelle figuraient les princes de la finance, les chefs de nos grandes maisons de commerce et d'industrie; ils étaient dans le vrai sentiment de la situation. Les Parisiens jugèrent à propos de nommer des *communards* et des *outranciers*, et l'on vit figurer sur la liste des 43 élus du 8 février 1871, les noms de *Garibaldi*, de *Rochefort*, *Gambetta*, *Delescluze*, *Millère*, etc., à côté des hommes qui s'étaient fait remarquer par leur résistance à la *Prusse*, en un mot tous ceux qui pouvaient entraver la conclusion d'une paix nécessaire et nuire à nos relations diplomatiques.

Sans doute, MM. l'amiral *Saisset*, l'amiral *Pothuau*, *Dorian*, *Langlois*, le général *Frébault*, *Farcy*, etc., avaient bien mérité de la patrie, et s'étaient bravement comportés devant l'ennemi; mais n'y avait-il pas d'autres moyens de les récompenser que de les envoyer dans une Assemblée fatalement condamnée par les événements à subir les conditions de M. de *Bismarck?* Que le reste de la France eut agi comme Paris, nous étions dans de beaux draps! Quant à M. *Thiers*, le futur *libérateur du territoire*, il n'arriva que le vingtième sur la liste.

Partout et toujours la même ineptie politique et électorale : quand il faut un général, les Parisiens prennent un avocat ; quand il faut une plume, ils choisissent une épée.

C'est au lendemain de la conclusion de la paix, alors que les gardes nationaux n'avaient plus qu'à porter leur fusil à la mairie pour reprendre les instruments de travail, que se manifesta dans toute sa violence la passion du *militarisme* et l'amour effréné de la botte et du galon.

Ce malheureux *J. Favre*, si digne de représenter les *Parisiens*, avait eu soin de stipuler que la garde nationale ne serait pas désarmée. *Bismarck* se garda bien de lui refuser cette faveur. Il savait, le vieux renard, qu'il laissait un brandon enflammé attaché aux flancs d'un navire bondé de poudre, et que les Parisiens se chargeraient de consoler les *Prussiens* de n'avoir pu défiler sur leurs boulevards.

S'il n'eût perdu le sens commun comme il avait perdu le sens moral, il eût saisi avec empressement cette occasion d'opérer, sans difficulté, cet immense désarmement.

C'était humiliant, je le veux bien ; mais n'était-il pas insensé en l'absence de l'armée régulière, de la gendarmerie et de la désorganisation de la police, de laisser dans les mains d'une population exaltée par le siége 600,000 fusils et 1,200 pièces de canon ?

L'affaire des *buttes Montmartre* ne fut autre chose, à son origine, qu'une petite débauche de militarisme. Les Parisiens avaient payé, fait fondre et baptisé les canons ; ils voulaient les garder, il fallait voir les femmes, les enfants attelés aux pièces, et leur faisant gravir les pentes escarpées du *nouvel Aventin*, sous les yeux du ministre *Picard*, qui trouvait le spectacle plaisant, et de sa police qui poussait à la roue.

Il n'entre pas dans le cadre de cette étude de suivre la population de Paris pendant les horreurs de la *Commune*, je ne m'occuperai que des faits qui peuvent apporter une preuve à l'appui de mon argumentation.

Le militarisme y prit un développement et des proportions sans précédents. On vit surgir une nuée de généraux, de colonels. Ce fut une orgie de bottes, de galons, de képis! des cabotins sifflés aux *Batignolles*, des *Polonais* de table d'hôte, des marins d'*Asnières*, devinrent officiers supérieurs; et l'on put contempler, caracolant sur nos boulevards, les *Eudes*, les *Bergeret* et les *Dobrowski*, brodés sur toutes les coutures.

Vous retrouviez avec des épaulettes de capitaine le cocher infidèle que vous aviez congédié la veille; les *phrynées* sans emploi s'étaient faites cantinières, les gredins de la *Commune* parodiant les représentants du peuple de 93, paradaient sur les chevaux des écuries de l'Empereur.

Cependant, les Parisiens ne tardèrent pas à s'apercevoir qu'ils jouaient une partie autrement dangereuse que celle de l'investissement *prussien*. Il fallait occuper les forts sous le feu des batteries *Versaillaises*, opérer des sorties qui n'avaient rien de commun avec celles de *Trochu!* des bataillons qui s'étaient aventurés sur la foi de leurs chefs, croyant faire une promenade d'agrément de Paris à Versailles, avaient été ramenés la baïonnette dans les reins, laissant sur le carreau la moitié de leur effectif.

Dès lors, il fallut employer la violence et la terreur à l'égard des réfractaires, dont le nombre s'accroissait tous les jours. Ceux qui n'avaient pu fuir se déguisaient ou se cachaient dans les caves. Il ne restait plus pour le service actif que des fanatiques, des repris de justice ou des misérables alléchés par une haute paie, encore fallut-il les gorger d'eau-de-vie pour les conduire au feu.

Cependant la garde nationale de Paris contenait dans ses rangs une immense majorité de braves gens, réprouvant les excès de la *Commune*, et ne demandant qu'à ouvrir à deux battants les portes à l'armée libératrice.

Lors de la tentative communeuse du 31 octobre, 100,000 baïonnettes avaient défilé devant le gouvernement de la *Défense nationale* aux cris : A bas la *Commune* ! Viv l'ordre !.... Mais, comme toujours, ils ne surent ou ne voulurent ni se concerter, ni se défendre. L'amiral *Saisset* ne put rassembler au *Grand-Hôtel* plus de 1,500 hommes, et son effectif était réduit à moins de 500 hommes lorsqu'il opéra sa retraite.

La grande *Manifestation pacifique* de la *place Vendôme* qui eût dû réunir une masse imposante, se composait au plus de 1,200 hommes, dont la moitié à titre de curieux.

Parlerai-je des élections *communales?* Même apathie, même désertion des bons citoyens qui livrèrent les urnes à la canaille. Aussi vit-on surgir des noms qu'on croirait trié sur le dessus du panier des bagnes, plutôt que dans les rangs d'une population qui a la prétention de marcher à la tête de la civilisation du monde entier.

Ce qu'il y a de prodigieux et d'incompréhensible dans ces élections, c'est qu'elles sont faites ou plutôt tolérées par des bourgeois et des boutiquiers, qui venaient de supporter le premier siége, c'est-à-dire la cessation absolue des affaires, la fermeture des magasins, la suppression du paiement des loyers et des effets de commerce, en un mot la ruine sous toutes ses formes. Que fallait-il à Paris en ce moment ? Une ère de paix et de tranquillité qui lui permit de panser ses blessures et de payer les impôts de sa rançon. Au lieu de celà, il nomme pour le représenter des cabotins, des proxénètes et des *Alphonses*, écume de la société, plus dignes de porter la chaîne des galériens que l'écharpe de représentant de la cité.

Ce sont ces misérables qui, après avoir fait passer Paris par des horreurs et des calamités auprès desquelles le siége des Prussiens n'était qu'un épisode désagréable, devaient laisser derrière eux une longue traînée de sang, éclairée par l'incendie, et couronnée par le pillage et l'incinération du *Grand-Livre.*

Jamais leçon plus cruelle n'avait été infligée à cette stupide bourgeoisie parisienne ; quant aux ouvriers, après avoir vu les meneurs fuir avec les mains pleines vers des *Saint-Sébastien* quelconques, ils avaient payé de leur sang ou de leur liberté leur participation à la *Commune* ; ceux que les exécutions sommaires de la caserne *Lobeau,* du bois du *Vésinet,* etc., avaient épargnés s'en furent à *Nouméa* réfléchir sur l'inconvénient qu'il y a à écouter des farceurs qui vous lâchent aux jours du danger et des responsabilités, et auxquels les révolutions procurent 100,000 livres de rente.

Enfin les *Versaillais* (comme on les appelait à *Belleville*) entrent à Paris ; avec eux un gouvernement régulier est installé ; les administrations fonctionnent, l'armée, la police, les tribunaux assurent l'ordre et la tranquillité, les magasins s'ouvrent en même temps que les guichets de la Banque de France et des grandes maisons de crédit. En quelques semaines, la grande ville a, comme par enchantement, retrouvé sa physionomie des grands jours ; et, à part sa colonne à terre, ses palais détruits, son ministère des finances *flambé,* on ne dirait pas qu'elle vient de traverser une aussi épouvantable épreuve. Cette fois, du moins, la leçon a été bonne, et il n'y a pas danger de voir les Parisiens recommencer de longtemps leurs petits exercices électoraux !

Comme vous les connaissez peu ! appelés à choisir des députés et des conseillers municipaux, ils nomment, sinon des communards, du moins des hommes pleins d'indulgence et de commisération pour leurs forfaits et tout disposés à solliciter l'amnistie pour des *frères égarés.*

Si *Rossel*, *Millière*, *Delescluze*, *Rochefort* et *Pipe-en-Bois* n'eussent été fusillés ou envoyés sur les pontons, ils auraient eu de grandes chances pour devenir les collègues des *Ranc*, des *Mottu*, des *Tirard*, des *Tolain*, des *Clémenceau*, etc.

Mais ce qui dépasse comme ineptie toutes les précédentes élections parisiennes, c'est celle du citoyen *Barodet.*

Ainsi que je l'ai dit plus haut, Paris commençait à réparer ses désastres, son commerce se relevait, la rente et l'emprunt se négociaient à un taux satisfaisant, les étrangers se montraient sur les boulevards. Encore quelques jours de patience et de sagesse, les *Prussiens* allaient être payés, et l'on pouvait espérer voir renaître la prospérité des beaux jours de l'Empire.

Un seul nuage à l'horizon. M. *Thiers* paraissait favoriser un peu trop les hommes du 4 Septembre et pencher du côté de la République. Une élection a lieu à Paris ; le choix des républicains modérés, appuyés par le gouvernement, s'était porté sur M. de *Rémusat,* dont le Président associa le nom à la libération du territoire.

Le candidat avait signé une profession de foi des plus républicaines, et... fait non moins caractéristique, M. Thiers (par un de ces mouvements de bascule qui lui étaient si familiers), se trouvait alors le champion des républicains contre la majorité conservatrice de la Chambre, et l'*ancre de salut* de la Révolution !

Il ne s'agissait donc pas d'imposer aux Parisiens un candidat royaliste ou réactionnaire, mais seulement d'éviter une nomination ultra-radicale, de nature à épouvanter les honnêtes gens et à paralyser le commerce et l'industrie.

En pareille circonstance, le choix des Parisiens ne pouvait être douteux. N'ayant sous la main (grâce aux conseils de guerre) aucun *communeux* en disponibilité, ils s'en furent chercher à *Lyon*, dans les rangs de la radicaille et l'état-major de la rue *Grosley,* un pion déclassé, pour en faire le représentant de la grande cité où il obtint 180,000 suffrages.

Le résultat immédiat de cette belle équipée, fut de faire baisser la rente et toutes les valeurs dans des proportions considérables, d'arrêter les travaux, de multiplier les faillites, de faire fuir les étrangers, et de porter au commerce et à l'industrie de la capitale un préjudice qui peut se chiffrer par centaines de millions. Mais qu'importait aux Parisiens ?... ils avaient joué un bon tour au gouvernement et vexé les *ruraux !*

Que voulez-vous attendre de bon d'une ville qui compte dans son sein 180,000 *Barodistes ?* c'est-à-dire 180,000 individus prêts à recommencer la *Commune,* et pour lesquels un candidat simplement républicain n'est plus qu'un aristocrate ou un réactionnaire ?

Poursuivons l'examen des diverses élections parisiennes dans la période écoulée entre le renversement de M. *Thiers,* son remplacement par le maréchal, et l'an de grâce 1879 de la République *uni-vocale.*

Je ne serai contredit par personne en disant que tout en reconnaissant l'importance et la signification politique des élections de députés, celles des conseillers municipaux sont empreintes d'un *parisianisme* plus accentué, et sont pour ainsi dire le thermomètre de l'opinion du corps électoral.

Une fois M. *Thiers* rendu *à ses chères études*, le maréchal de *Mac-Mahon* fut acclamé comme le digne représentant des hommes d'ordre et le champion du grand parti conservateur. Ses premiers actes, ses discours, ses engagements, le choix de ses ministres, son entourage, tout chez lui donnait à espérer que la société menacée par le spectre rouge avait enfin trouvé un défenseur, armé d'une illustre épée.

Grâce à la prudence, à la sagesse, à la modération de son gouvernement, non-seulement nous avions échappé à une deuxième invasion prussienne, mais les affaires avaient repris leur essor, la confiance renaissait, notre influence se fortifiait en Europe, et le pays pouvait espérer arriver sans encombre et sans secousses à la fin du *Septennat*, époque à laquelle il lui serait permis de se prononcer sur le choix de son gouvernement.

Un fait considérable s'était produit, fait intéressant, il est vrai, pour toute la France, mais d'une importance capitale pour Paris : L'Assemblée avait voté l'*Exposition universelle*, c'est-à-dire tout l'or enlevé par les Prussiens rentrant par mille canaux, l'industrie parisienne s'affirmant hautement et prenant une éclatante revanche de ses désastres de 1871 ; la fortune pour les théâtres, les cafés, les hôtels, les restaurants et les mille variétés de l'*article-Paris*.

Que fallait-il pour assurer le succès de cette gigant sque entreprise ? Laisser dormir la politique et fortifier le gouvernement du Maréchal par le choix d'hommes modérés capables d'inspirer la confiance aux nationaux et surtout aux étrangers.

Eh bien, c'est ce moment que choisissent les électeurs pour envoyer à la Chambre *Barodet, Gambetta, L. Blanc, Clémenceau, Floquet, Ferry, Spuller, Marmotan, Farcy, Cantagrel, Greppo, Brisson,* en un mot tout ce qui pouvait nous faire mettre au ban de l'Europe monarchiste, et nuire au succès de l'Exposition.

Quant au Conseil municipal de Paris, je me dispense d'écrire les noms des abominables radicaux dont il est composé ; qu'il me suffise de dire que *Bonnet-Duverdier* en était un des plus beaux ornements.

La majorité de la Chambre, déplacée par l'adjonction de ces nouvelles recrues républicaines, ne connaît plus d'obstacles. Les propositions les plus audacieuses sont portées à la tribune, et le programme de *Belleville* devient son évangile : Amnistie pour les pétroleurs et les assassins, séparation de l'Eglise et de l'Etat, instruction exclusivement laïque et obligatoire, *répartition équitable* de l'impôt, amovibilité de la magistrature, etc., j'en passe et des meilleures. En même temps *Bonnet-Duverdier*, représentant le Conseil municipal, va se concerter avec les proscrits de Londres pour le jour prochain de leur rentrée en France et le *fusillement* du Maréchal !

Un immense cri d'effroi retentit dans toute la France, personne ne s'y sent plus en sûreté, et le spectre rouge apparaît dans toute sa hideur à ceux-là même qui s'étaient montrés les plus confiants et avaient cru à la possibilité d'une République honnête et modérée.

Le Maréchal, à peu près dans les mêmes conditions que *Louis XVI* après *Varennes*, et le *Prince Louis-Napoléon* avant le coup d'Etat, finit par se rappeler qu'il a une épée au côté et qu'il a juré de résister à l'envahissement révolutionnaire et radical ; appuyé sur le Sénat, il fait *le 15 mai*, en réclamant le concours de toutes les forces conservatrices.

Quelle magnifique occasion pour les Parisiens de montrer une fois, par exception, un peu de bon sens, en consolidant à la fois le pouvoir du Maréchal et les bases ébranlées de l'ordre social. Déjà les faillites se chiffraient par milliers, les trois quarts des établissements industriels avaient suspendu leurs travaux ; ceux qui résistaient à la crise républicaine avaient congédié la moitié de leur personnel. L'Exposition, à laquelle la *Prusse* avait refusé de participer, était gravement compromise. A qui attribuer un état de choses si préjudiciable aux intérêts Parisiens, sinon aux 363 députés de la gauche et à leur programme révolutionnaire ?

Si Paris eût donné le bon exemple, s'il se fût rallié franchement aux hommes d'ordre, le reste de la France eût suivi son impulsion, et nous jouirions aujourd'hui d'autant de bien-être, de prospérité, de sécurité, que nous supportons de misère, de trouble dans les esprits, de méfiance pour le présent et de craintes pour l'avenir !

Les incorrigibles électeurs parisiens se gardent bien d'écouter la voix de la raison. Tous les députés appartenant au groupe des 363 sont réélus à une forte majorité, les plus modérés arrivant naturellement les derniers ; les conservateurs, suivant leur louable habitude, s'abstiennent de voter. Quant au Maréchal, après un semblant de résistance, il capitule en livrant aux *bêtes rouges* ses meilleurs soldats et ses amis les plus dévoués.

Dès lors nous assistons au spectacle écœurant d'une majorité mettant en coupe réglée ses adversaires politiques et les invalidant sans les entendre. Il suffit d'avoir été le candidat du Maréchal pour se voir sacrifié. Parodiant misérablement la *Convention* de 93, la nouvelle Chambre a son *Comité de Salut public* et ses représentants du peuple en mission dans les départements.

Le *fou furieux* dispose des portefeuilles, des ambassades, des préfectures et du budget ! et s'il n'a pas réclamé alors avec plus d'insistance une amnistie générale pour les *frères égarés* de Nouméa, c'est qu'il craignait leur concurrence aux prochaines élections.

MM. *Grévy* et *Gambetta* sont proclamés, l'un président de la République, l'autre de la Chambre. Le centre gauche, dont MM. *Dufaure* et de *Marcère* pouvaient à juste titre être considérés comme les représentants, sont mis de côté et remplacés par des républicains plus avancés.

J. Ferry, le maire de la *famine communarde*, le protecteur des insurgés du 31 octobre, décroche un portefeuille. Le dernier défenseur de la discipline militaire, le général *Borel*, fait place au général *Gresley*, le protecteur du major *Labordère*.

L'audace des radicaux ne connaît plus de bornes ; comme une troupe affamée, ils se ruent sur tous les emplois lucratifs : secrétariats de ministères, conseil d'Etat, gouvernement de la Banque, préfecture de police et de la Seine, direction générale des grandes administrations, ambassades et consulats, préfectures, sous-préfectures, justices de paix, commissariats de police, etc., rien n'échappe à leur voracité. Les Finances, que tous les gouvernements, même celui de 48, avaient respectées, sont mises en coupe réglée ; les recettes générales et particulières sont partagées entre des meurt-de-faim sans responsabilité et sans cautionnement. Quant aux *frères et amis* des troisièmes couches, ils se contentent d'être sergents de ville, gardes champêtrss, etc. (1).

Non contents d'avoir désorganisé la préfecture et les services qui protégeaient la sécurité et la vie des citoyens, ils portent une main sacrilége sur l'armée; la réintégration du major Labordère apprend à nos officiers que l'obéissance passive a fait son temps et que désormais ils devront, avant de commander le feu, s'assurer de l'opinion politique de leurs adversaires. Mais ces faits si graves et si peu rassu-

1 Voir les premières *Abeilles*. Ces lignes étaient publiées il y a 4 mois, ne les croirait-on pas d'hier ?

rants qu'ils puissent être pour l'avenir de la France, disparaissent et s'amoindrissent devant le vote monstrueux de l'amnistie, tel qu'il a été imposé à l'Assemblée par leurs collègues de Montmartre et de Belleville.

Ainsi, ce sont les Parisiens victimes de la *Commune*, les Parisiens dont les monuments conservent encore les traces de l'incendie et l'odeur du pétrole qui réclament le retour des bandits qui ont accompli ces forfaits ?

C'est *Clémenceau*, le maire de la rue des Rosiers, le témoin impassible de l'assassinat des généraux *Clément Thomas* et *Lecomte*, qui dicte ses lois à Gambetta, et impose sa volonté aux ministres de la R. F. ?

Ce sont les *élus* de Paris, qui votent 200,000 fr. de *joyeux avénement* pour les forçats *retour de Nouméa ?* Les Parisiens ne s'arrêtent pas en si beau chemin, ils se rendent en foule au-devant des amnistiés et peu s'en faut qu'ils ne soient portés en triomphe.

Les conséquences *électorales* d'une pareille aberration d'esprit, d'une perte aussi absolue du sens moral, ne pouvaient tarder à se faire sentir, tandis que le journal de M. le comte de Rochefort demande l'*amnistie plénière*, c'est-à-dire la rentrée en France des criminels de *droit commun*, voleurs, incendiaires, assassins et repris de justice, tandis que ses amis ne parlent de rien moins que de faire le procès des membres des conseils de guerre, et de les envoyer remplacer à *Cayenne* et à *Nouméa* les bandits qu'ils y avaient envoyés ; *Humbert*, le forçat libéré, ose poser sa candidature au conseil municipal ; chose monstrueuse, il est élu dans un des arrondissements de Paris ! N'avions-nous pas vu quelques jours avant Blanqui lui montrer le chemin du palais Bourbon ? Vous me direz que ce qui a la prétention d'être le gouvernement, a protesté et a fait casser la double élection. C'est possible ! mais chassés par une porte ils rentreront par l'autre, et le fait seul de leur candidature, *tolérée* par l'autorité, constitue une *monstruosité* sans précédent ; c'est la condamnation du *suffrage universel* et surtout des droits électoraux conférés aux Parisiens,

Non, mille fois non ! on ne peut laisser aux mains de ces grands enfants une arme meurtrière qu'ils sont disposés à tourner contre leurs enfants, leurs amis, et contre eux-mêmes !

Quand on voit un fou agiter une torche incendiaire, on la lui arrache avant qu'il n'ait brûlé la maison.

N'est-ce pas le cas des Parisiens qui ont rappelé et acclamé les *communards* et ont envoyé siéger à leur Hôtel-de-Ville un des bandits qui avaient contribué à son pétrolage ?

Enfin, est-il juste, est-il tolérable que 86 départements portent la peine et subissent les conséquences, je ne dirai pas des fautes, mais des crimes du chef-lieu de la Seine ?

P.-S. — C'est ce que je me propose d'examiner dans la troisième partie de cette étude qui aura pour titre *la Planche de Salut.*

IIIe SÉRIE

LA PLANCHE DE SALUT

Je crois avoir démontré d'une manière absolue et indiscutable :

1° Que toutes les Révolutions ont été l'œuvre exclusive des Parisiens ;

2° Qu'elles ont ruiné périodiquement Paris et les départements ;

3° Qu'elles n'ont eu aucun motif sérieux ;

4° Que les gouvernements renversés avaient comblé Paris de bienfaits ;

5° Que la province a subi ces révolutions auxquelles elle était restée étrangère ;

6° Que non-seulement les Parisiens, ont, en toutes circonstances, usé de leurs droits électoraux d'une façon inintelligente et contraire à leurs intérêts, mais encore qu'ils ont causé la ruine de la France et amené toutes les révolutions par le choix de leurs représentants ;

7° Que même dans leurs élections municipales ils ont écarté les hommes pratiques pour donner la préférence à des charlatans incapables d'administrer une grande cité ;

8° Qu'ils ont poussé la démence jusqu'à envoyer siéger à l'Hôtel-de-Ville les amis et les complices de ceux qui l'avaient incendié.

Ajoutons à leur actif :

9° Le *képisme* et l'amour de l'uniforme passés à l'état aigu ;

10° La prétention innée de donner des leçons au pouvoir ;

11° L'opinion bien arrêtée qu'un Parisien vaut au moins quatre *ruraux ;*

12° Que la province doit accepter les gouvernements qu'il plaît à Paris de lui infliger.

Enfin, au point de vue moral, un égoïsme féroce, une absence absolue du vrai patriotisme, une profonde immoralité, un goût effréné de luxe, de plaisirs et de jouissances matérielles.

En voilà, certes, assez pour amener la chûte d'une nation, et si c'était dans Paris que nous dussions chercher les éléments de la revanche et de la régénération, nous pourions prédire pour un avenir prochain un effondrement général.

Heureusement, que tandis que Paris s'amuse, que ses crevés et ses gommeux se ruinent avec des cocottes, que ses caissiers et ses boursiers se brûlent la cervelle ou fuient en Belgique, que des *faillis* se mettent à la tête de ses Sociétés de crédit avec la participation active de nos gouvernants, que ses impures tiennent le haut du pavé et éclaboussent les honnêtes femmes, que les *engraissés* de la *Défense nationale* étalent un luxe aussi scandaleux qu'inexpliqué, la province travaille et reconstitue patiemment l'édifice ébranlé de la fortune publique.

Mais je le demande à tout homme de bonne foi, peut-elle accepter un pareil rôle et se soumettre indéfiniment aux caprices de l'humeur parisienne qui se traduisent par la ruine ? Peut-elle avoir sans cesse suspendue sur la tête cette épée de *Damoclès* des révolutions qui lui font perdre en quelques heures le fruit de vingt années de labeurs ?

Doit-elle payer périodiquement les dettes et les folies de l'*enfant prodigue ?* et ne pouvant le corriger n'a-t-elle pas le droit de prendre des mesures de salut et de préservation ?

Mais, enfin me direz-vous, quel est ce remède souverain qui doit tout sauver ?

J'avoue que ma proposition peut, au premier abord, paraître excessive, mais en l'examinant avec sang-froid et réflexion, sans parti-pris, sans prévention, on sera obligé de convenir qu'elle s'impose comme la conséquence forcée et pour ainsi dire inévitable de tout ce que je viens d'exposer.

Au reste, les Américains qui sont des gens pratiques et qu'on nous offre à tout propos comme modèles, nous ont devancé dans cette voie pour *Washington.* Il s'agit.... de *neutraliser Paris au point de vue électoral,* c'est-à-dire de priver de la faculté d'élire des députés la ville où doivent résider ceux de la France entière.

Paris doit être la *capitale,* c'est-à-dire la tête de la France, il ne peut en être le *corps.*

Son influence sur les assemblées délibérantes s'est manifestée d'une manière si *efficace* au 18 brumaire, en 1830, 1848 et 1870, qu'il est tout à fait inopportun de l'augmenter par un appoint de 36 voix d'opposition à tous les gouvernements existant.

Son rôle est assez brillant, assez avantageux pour qu'il reste désintéressé dans toutes les questions *d'intérêt général,* sur lesquelles il a toujours été en désaccord et en opposition avec le pays.

Il est un moyen fort simple d'arriver au but que j'indique : c'est de *décréter* comme addition à la loi électorale, un article ainsi conçu :

« Toute ville en état de siége sera privée du droit d'élire des députés et des conseillers municipaux (il est bien entendu que Paris serait soumis, jusqu'à nouvel ordre, à ce régime, qui aurait pour avantage de préserver à tout jamais la France des révolutions et Paris lui-même d'une ruine imminente). »

Comment admettre, en effet, qu'une population soumise aux rigueurs et aux lois exceptionnelles de *l'état de siége,* puisse exercer librement, et d'une manière impartiale ses droits électoraux.

De deux choses l'une, où elle votera sous la pression de l'intimidation, ou bien sous l'influence de sentiments de rancune et de vengeance.

Comme conséquence immédiate du décret ci-dessus formulé, nomination par le chef de l'Etat d'un maire de Paris, réunissant une partie des attributions du *lord maire de Londres* et du préfet de la Seine, ayant rang de ministre et pourvu de frais de représentation assez élevés, pour lui permettre de faire largement les honneurs de *l'Hôtel-de-Ville* aux souverains et aux étrangers de distinction.

La mairie de Paris, renouvenable tous les cinq ans, confèrerait de droit la noblesse et serait exclusivement réservée à une des notabilités de la Banque, du haut commerce et de l'industrie.

Les arrondissements seraient administrés par des adjoints, choisis par le maire ; le conseil municipal serait nommé par le gouvernement, d'accord avec le maire, et composé des sommités du barreau, des arts, de la science, des lettres, de la presse et du commerce.

Les intérêts de la ville seraient défendus à la Chambre par le *maire-ministre*, secondé par deux conseillers d'Etat *ad hoc*. Voilà pour le personnel. Le complément indispensable de cette nouvelle organisation communale consisterait dans le maintien de l'*état de siége*, tant que Paris n'aurait pas donné des garanties de sagesse et de retour à de meilleurs sentiments ; suppression irrévocable de la garde nationale ; augmentation de la garde municipale et du corps de police urbaine ; armement des casernes ; occupation des forts détachés par l'armée (soustraite ainsi au contact journalier de la population).

Organisation et moralisation de la classe ouvrière par le *livret obligatoire ;* expulsion des ouvriers sans livret, et des étrangers sans moyens d'existence ; une loi exigeant pour les ouvriers électeurs trois ans de domicile. Dans ces conditions, les deux Assemblées peuvent continuer à siéger sans crainte dans *Paris capitale*, et contribuer dans une large part à son luxe et à sa prospérité.

S'en suit-il que nous veuillons condamner Paris à un état d'infériorité et d'amoindrissement ? Bien au contraire ; nous voulons utiliser, pour le développement de sa grandeur et de sa prospérité, tous les éléments favorables qu'il renferme dans son sein, en écartant tout ce qui est nuisible et dissolvant.

A Paris, les milles palais, les cent théâtres, les peintres, les sculpteurs, les musiciens, les premiers chanteurs, les plus célèbres comédiens du monde.

A Paris, les boulevards étincelants de lumière, les squares, les promenades sillonnées par les brillants équipages et les toillettes élégantes. A Paris, l'aristocratie de la fortune, de la beauté et du talent, le plaisir, la dépense, la vie à outrance, toutes les jouissances de l'esprit et des sens, toutes les débauches de l'intelligence, toutes les folies du luxe, toutes les prodigalités de la richesse.

A la province, le travail, l'épargne, la production agricole et manufacturière, les paisibles jouissances du foyer domestique, l'amour du sol et de la maison natale (inconnus au Parisien) ; à elle de fournir le soldat et le laboureur, de remplir les coffres de l'Etat, de payer les impôts, de couvrir les emprunts, d'alimenter le commerce intérieur et extérieur, ainsi que le luxe de la capitale.

On parle beaucoup dans les écrits, soi-disant vertueux, de la régénération des mœurs, on veut nous faire croire à une prochaine revanche ; pour cela, on ne nous demande qu'une chose : c'est de devenir immédiatement sérieux, instruits, simples dans nos goûts et nos habitudes. On voudrait, en un mot, faire de Paris une nouvelle *Sparte*, où l'on servirait le brouet noir au *café Anglais* dans des écuelles de vieux Sèvres. D'autres voudraient convertir la France en une immense caserne organisée à la prussienne. Il y a là, à côté d'une noble et belle pensée, une certaine exagération dont il faut faire justice.

Que la province se recueille dans le travail et la pratique des mâles vertus qui font les nations grandes et invincibles ; qu'elle cherche à réparer les désastres occasionnés par la folie des Parisiens, je le comprends et je l'approuve ; mais autant vaudrait-il chercher à blanchir un nègre, qu'essayer de modifier, en quoi que ce soit, les allures et les habitudes des Parisiens.

Pendant le premier siége, au moment où les obus Prussiens trouaient le *Panthéon* et le *Val-de-Grâce*, jonchant de cadavres les faubourg *St-Germain* et le quartier de l'*Observatoire*, les cafés des *boulevards des Italiens* regorgeaient de monde. Jamais on n'y avait vu tant d'uniformes, tant de chignons rouges. Jamais les cabinets de *Peters* et du *Helder* n'avaient été plus fréquentés et plus productifs.

Les *grandes prêtresses* du culte de Vénus affichaient audacieusement un colonel de mobiles, un officier d'éclaireurs ou de volontaires Belges. Les simples *servantes* se contentaient d'un gentil *moblot*. Le vingtième d'agent de change où le chef de rayon avaient été distancés. Le galon et la botte faisait prime et tenaient le haut du pavé. Seulement, la marchandise avait baissé de prix : au lieu d'un huit-ressorts ou d'un bracelet, on pouvait, sans crainte d'être repoussé, offrir à la *beauté*, un lapin où une livre de gruyère.

Jamais les tripots clandestins, les tables d'hôte interloppes n'avaient eu un public plus nombreux. Le dévergondage était arrivé à un tel degré, que le préfet de police, alarmé sur l'état sanitaire de la garnison de Paris qui comptait 12,000 mobiles à l'hôpital, dut faire opérer des razzias dans les cafés et les maisons garnies du quartier *Montmartre* et réintégrer à *Saint-Lazare* les malheureuses créatures auxquelles le 4 septembre avait rendu la liberté.

Paris était non-seulement devenu un immense lupanar, mais encore il approvisionnait le camp prussien de sa marchandise féminine, et on pouvait voir à Saint-Denis les héroïnes du *Château des Fleurs* et de l'*Eldorado*, promenant leur *traîne* au bras d'un officier *Prussien* ou *Bavarois*.

C'est par les femmes que l'ennemi était informé, jour par jour, de nos mouvements et de l'état de nos approvisionnements. L'espionnage marchant de pair avec la débauche était passé à l'état d'institution.

Je puis citer à l'appui de mon dire un fait dont j'ai été le témoin. J'étais logé rue *Taitbout*, en face d'une de nos plus célèbres courtisanes. Elle avait alors pour protecteur en titre, un officier supérieur attaché à l'état-major du général *Trochu*. Chaque soir, un petit coupé brun stationnait à sa porte jusqu'à deux ou trois heures du matin. Je pouvais de ma fenêtre voir les salons éclairés *à giorno*, entendre le cliquetis des verres et l'explosion des bouchons de Champagne. On menait là joyeuse vie, et jamais on nô se fut douté qu'on était dans une ville assiégée où le pain et la viande étaient rationnés aux pauvres gens.

A force d'observer ma voisine, je finis par constater qu'aussitôt que le coupé brun avait disparu, un cavalier sortait à son tour de l'hôtel et s'éloignait à toute bride.

Cette coïncidence bizarre éveilla mon attention, j'en fis part à un de mes amis qui avait *l'honneur* de participer à ces fêtes nocturnes, en le priant d'examiner attentivement les faits et gestes de madame A. D.

Or, voici ce qu'il m'apprit. Lorsque l'officier supérieur en question faisait mine de se retirer, sa maîtresse insistait pour le retenir: «... Rien ne le pressait. Il pouvait bien » tailler encore une banque ou faire une tournée de chemin » de fer. »

— « Impossible, nous faisons demain matin à 4 heures » une sortie par la porte X. ou Z ; il faut que je sois là et c'est » tout au plus si j'aurai le temps de reposer une heure ou » deux. »

A peine était-il parti que le beau valet de chambre qui avait servi le souper (et n'était autre qu'un espion), allait rapporter aux *Prussiens* toute la conversation qu'il avait surprise à table, et leur indiquer l'heure et le lieu de la sortie: c'est ainsi qu'avec une ligne d'investissement si étendue, l'ennemi s'est toujours trouvé en nombre chaque fois que nous avons voulu le surprendre.

J'essayai de faire part au général *Trochu* de ce que j'avais appris, mais devant le refus obstiné d'audience que j'éprouvais, j'ai tout lieu de penser que ma lettre fut interceptée par le principal intéressé lui-même.

C'est à peine si le jour de la capitulation, alors que les Prussiens campaient aux Champs-Elysées, le boulevard *Montmartre* interrompit ses habitudes. Quelques établissements fermèrent un ou deux volets de leur devanture, mais l'intérieur resta tout aussi bruyant, tout aussi joyeux !

L'infame *Commune* elle-même apporta fort peu de changement à la physionnomie des quartiers riches. Les colonels de *Trochu* firent place aux généraux de l'*Hôtel-de-Ville*, les membres de la *Commune* se pavanaient dans les loges de nos théâtres, aux places occupées naguère par les membres de la *Défense nationale*. Il n'y avait que quelques gredins de plus, et la police de moins. La recherche des réfractaires put seule diminuer la clientèle des cafés de *Suède* et de *Madrid*.

Je ne puis résister à l'envie de raconter un épisode dont j'ai été le témoin occulaire; mieux que tout ce que je pourrais dire, il dépeint le caractère parisien.

C'était le troisième jour après l'entrée de l'armée libératrice de Versailles. Les insurgés tenaient encore sur quelques points, on entendait de loin en loin le bruit de la canonnade.

Une compagnie d'infanterie de ligne occupait les ruines fumantes des anciens greniers d'abondance, transformés pendant le siége en dépôt de denrées alimentaires. La lutte avait été des plus vives sur ce point, ainsi qu'en témoignait une cinquantaine de cadavres d'insurgés adossés au para) pet du chemin de halage de la Seine.

C'était quelque chose d'horrible que ces blessures faites à bout portant par des obus ou des mitrailleuses, ces têtes dont la face avait été emportée, ces torses sans jambes ou sans bras, ces yeux grands ouverts, dans lesquels se peignait l'expression de rage ou de terreur du moment suprême.

Des employés de la police cherchaient à constater l'identité au moyen des papiers qui se trouvaient dans les poches ; le porte-monnaie ou la montre (quand il y en avait-étaient inventoriés. On dressait un procès-verbal sommaire, puis le cadavre était placé dans une tapissière pour être conduit à la fosse commune ; les curieux, parmi lesquels les femmes étaient en majorité, assistaient à ce spectacle parfois interrompu par des *lazzis* et des réflexions plus ou moins intempestives, faites dans l'argot des faubourgs.

Mais voilà qu'en fouillant les décombres d'un pavillon respecté par l'incendie, un *gavroche* découvre un caveau rempli de provisions de bouche : thon, sardines, lard fumé, morues, hareng, jambons, etc. La nouvelle se répand avec la rapidité d'une traînée de poudre. Les cadavres sont délaissés pour la victuaille, les plus agiles franchissent les grilles de fer, d'autres font la courte échelle. Une espèce de chaîne s'établit comme pour l'incendie : jambons, barils et boîtes à conserves passent de main en main, *traversant la ligne des cadavres*. Les soldats, qui d'abord avaient tenté d'arrêter l'invasion, finissent par prendre part à la fête. On découvre un baril d'eau-de-vie, il est défoncé, on se passe de main en main des boîtes à sardines qui font office de verres.

Les hommes de peine, chargés du transport des morts, délaissent leur triste besogne pour prendre part à la curée, partout des cris joyeux, des chants bachiques ; des spéculateurs improvisés achètent en gros et revendent au détail, un d'eux s'est fait commissaire-priseur, et imite les tics de *Jean* de l'hôtel *Drouot.* Ce spectacle écœurant dura tant qu'il y eut quelque chose à piller... et les pauvres morts restaient là abandonnés et foulés aux pieds !

Et voilà la population que vous voulez régénérer ?

Vous me direz que j'appuie mon raisonnement sur des exceptions. Oubliez-vous qu'au lendemain des forfaits de la *Commune* 200,000 électeurs ont sanctionné et rendu pour ainsi dire, un verdict favorable, en envoyant à la Chambre les misérables qui avaient échappé à la justice des conseils de guerre.

Du moment qu'il est avéré que Paris ne peut en rien contribuer à notre régénération et à notre moralisation, ne vaudrait-il pas mieux, comme je l'ai dit plus haut, développer et favoriser ses aptitudes et ses qualités particulières, en utilisant pour l'intérêt général ses défauts et même ses vices ?

Quoi qu'on dise et quoi qu'on fasse, Paris sera toujours le grand foyer de la production artistique, le tribunal sans appel, devant lequel devront comparaître pour y conquérir leur *brevet de capacité*, les artistes du monde entier.

La *Prusse* pourra nous enlever nos pendules, elle sera hors d'état d'en produire une d'un goût et d'un sentiment artistique irréprochables. L'*Angleterre* pourra à prix d'or débaucher nos ouvriers ; leur talent et leur génie inventif seront paralysés par les brouillards de la *Tamise*.

Eh bien ! il ne faut pas que l'*Angleterre,* la *Russie* et l'*Amérique* puissent, à coups de guinées, de roubles et de dollars, nous enlever nos chanteurs, nos comédiens ; mais qu'au contraire, les millionnaires des deux mondes soient obligés de venir à Paris pour entendre la *Patti,* la *Nilson, Faure* et *Capoul,* dût-on pour cela tripler la subvention de l'Opéra.

Je veux que l'or de l'étranger circule à pleins bords dans nos théâtres, nos magasins, nos restaurants. Je veux que les Prussiens, qui sont loin de se divertir à Berlin, viennent nous rapporter une partie des milliards qu'ils nous ont ravis, et que nos impures elles-mêmes contribuent à leur faire rendre gorge.

Je voudrais une subvention de 1,200,000 francs pour le Grand-Opéra, de 600,000 francs pour l'Opéra-Comique et les Français, de 300,000 fr. pour l'Odéon, le Lyrique, pour lesquels on supprimerait l'impôt si injuste et si onéreux du *droit des pauvres ;* deux prix de 50,000 fr. pour les *steeple-chase*, des prix de 25,000 fr. pour les régates, les tirs aux pigeons ou à la cible, voire même pour les vélocipèdes et le Skating Rink... Tout cela fait un total de 3 millions à peu près, qui en feraient rentrer le centuple dans la caisse municipale et le commerce parisien !

Où puiser cette somme ? et par quoi remplacerait-on le droit des pauvres ? Par la *ferme des jeux.* Qu'on les rétablisse demain, et il se trouvera dix fermiers prêts à verser le double de la somme nécessaire pour parfaire le budget des beaux-arts et de la bienfaisance.

Et la *môrâale !* vont me dire les cravates blanches, les crânes pelés et les lunettes d'or, qui dînent de la vertu et soupent de la religion !

D'abord, les maisons de jeu où l'on n'a à lutter que contre les chances mathématiques, sont beaucoup plus morales, et surtout moins dangereuses, à mon avis, que les tripots clandestins et *autorisés* qui pullulent à Paris et dans nos villes d'eaux !

Je pourrais citer certaines maisons de jeu qui se dissimulent sous le nom de *Cercles*, pour lesquels il n'est perçu aucune cotisation ni droit d'entrée, et où le premier venu peut être présenté par n'importe qui, pourvu qu'il ait la bourse bien garnie ; où des chefs de famille, des comptables, des mineurs, appartenant à la catégorie des *pigeons*, sont exploités et plumés par une association de *grecs*, d'autant plus à redouter, qu'ils ont les apparences et les allures d'hommes du monde.

Et comptez-vous pour rien la Bourse ! cette grande maison de jeu où les fortunes se font et se défont dans 24 heures, où les gros bonnets qui tiennent les atouts dans la main, ruinent les *gogos* assez bêtes pour faire leur partie.

La Bourse ! où un ministre de la R. F. peut jouer le *coup de la conversion*, faire la hausse ou la baisse, enrichir ses amis et ruiner ceux qui n'ont pas reçu ses confidences. La Bourse ! où un *Philippart*, protégé par un des *matadors* du gouvernement, a pu soustraire en quelques jours 100 millions à l'épargne et au crédit. La Bourse ! où le *rachat des chemins de fer en faillite* communiqué en temps opportun *aux amis*, a pu leur permettre de réaliser *à coup sûr* des bénéfices énormes, et de se payer des cuisiniers à 15,000 francs d'appointements !

Et ces sociétés industrielles, ces banques, ces institutions de *crédits* variées, ces mines d'asphalte de Montmartre, de sel de la Villette, et de charbon du bois de Boulogne ; ces chemins de fer Espagnols, Américains ou Egyptiens ; ces emprunts Turcs, Mexicains, Haïtiens ou Hondurassiens, lancés périodiquement sur le grand marché Parisien, pour aspirer les épargnes des concierges, des cuisinières et des cochers de fiacre !

Tout cela n'est-il pas mille fois plus immoral et plus dangereux que *Monaco* ou *Hombourg?* et certains gros banquiers, engraissés dans ces affaires véreuses, ne mériteraient-ils pas de s'asseoir sur les bancs de la police correctionnelle à côté des pauvres diables qu'ils ont ruinés?

Ce qui, pour moi, constitue une notable différence entre le jeu de Bourse et la roulette (différence toute à l'avantage de la dernière), c'est que le jeu proprement dit, ne s'adresse qu'à une certaine catégorie de personnes, que je prendrai la liberté de désigner par le nom de *vicieux!*

Ceux-là joueront partout et quand même; si on proscrit les jeux en France, ils iront en *Espagne* ou à *Monaco*. Si on ferme les établissements autorisés, ils joueront dans les caves où sur les coussins des fiacres, tandis que les malheureuses victimes de ces prétendues sociétés de crédit, de ces emprunts fantastiques, de ces lignes idéales se croiraient déshonorés s'ils mettaient les pieds dans un tripot.

En portant leurs épargnes aux guichets des *Robert-Macaire* de la finance, ils ont la prétention de faire un *placement de père de famille*, et surtout l'espoir d'augmenter leur modeste revenu par les gros intérêts qu'on leur a fait espérer. Aussitôt que l'affaire est lancée, c'est-à-dire que les actions émises ont été souscrites, les intermédiaires (après avoir vendu toutes celles qu'ils avaient en portefeuille et réalisé à coup sûr un bénéfice considérable) disparaissent dans la coulisse, et les pauvres dupes restent propriétaires d'un magnifique chiffon de papier orné de vignettes en taille douce.

Voilà ce qui se passe tous les jours dans le monde de la Bourse et de la finance, et vous voulez que je conserve la moindre illusion sur la *moralité* parisienne ! Que je redoute de ternir la robe d'innocence de la *grande Babylone*, où le vice et la prostitution élégante roulent carrosse, où les plus éhontés coquins sont considérés comme des *gens habiles* en affaire, auxquels on retire le chapeau.

Au moins en rétablissant la ferme des jeux, on empêcherait des millions de sortir chaque année de la France pour aller alimenter les banques étrangères, et on attirerait les joueurs des quatre parties du monde, ce qui n'est pas chose à dédaigner.

Pourquoi même n'en ferait-on pas autant pour la loterie? Quelle différence y a-t-il entre cette vieille institution de nos pères et les tirages autorisés des *compagnies à lots*, les emprunts de la *Ville de Paris*, etc., etc.? Ne sont-ce pas là des loteries dans toute l'acception du mot?

D'ailleurs, le gouvernement a pris soin de faire taire nos scrupules en se mettant à la tête de la fameuse loterie de l'*Exposition*. On y a vu les premiers fonctionnaires de l'Etat, battant la grosse caisse et débitant leur boniment à la porte du Palais de l'Industrie, le *Moniteur* enregistrant leurs réclames, et le ministre des finances imposant les billets aux receveurs et aux percepteurs placés sous ses ordres.

Ne vaudrait-il pas mieux tirer parti de cette précieuse ressource que d'imposer, par exemple, sous le nom de *droit des pauvres*, de malheureux directeurs de théâtre conduits à la faillite par le prélèvement du plus clair de leurs bénéfices?

Est-il permis de conserver la moindre illusion sur la possibilité de moraliser les Parisiens et d'en faire des hommes sérieux? Faisons donc de Paris la métropole du luxe, de la richesse et du plaisir, où les trésors du monde entier viendront se fondre comme dans une ardente fournaise.

Plus de préoccupations politiques et électorales, plus de fabrique de révolutions et de cours de barricades, plus de clubs et de sociétés secrètes; par contre, plus de faillites, plus de grèves, plus d'ateliers déserts et de maisons à louer.

L'ouvrier, moralisé, discipliné, et surtout soigneusement épuré, ne songera plus qu'au travail et à l'épargne. Paris, devenu le grand bazar des objets de luxe, l'entrepôt général de la production artistique, ne pourra plus suffire aux demandes du monde entier, et sa population doublée en quelques années, crèvera l'enceinte fortifiée pour s'étendre indéfiniment dans la campagne reliée au centre par un immense réseau de *tramways*.

IVe SÉRIE

Domine salvum fac ??

Nous voici arrivés à la question délicate et tant soit peu scabreuse de cette étude. Les personnes qui ont bien voulu en suivre les développements nous diront sans doute : « Tout cela est vrai, tout cela est juste... nous partageons » votre manière de voir, mais veuillez nous indiquer le » moyen *pratique* d'arriver au but. »

J'avoue, en toute humilité, que je ne saurais le trouver dans la Constitution républicaine qui nous enserre de toutes parts ; les quelques armes qu'elle avait laissées aux mains du Maréchal et avec lesquelles il pouvait nous sauver, il se les est laissé briser entre les mains. Les amis, groupés autour de lui le 16 mai, se sont retirés découragés et humiliés, et nous sommes, on peut le dire sans exagération, livrés pieds et poings liés à la merci des radicaux et des communards !

S'il ne s'agissait que de quelques modifications à la Constitution, de quelques libertés à conquérir, de quelques réformes à opérer, nous pourrions pendant quelques jours encore tenter l'*essai loyal*, et, quoi qu'il nous en coûte, subir la *République à temps !* Mais nous sommes en présence d'une question de vie ou de mort : il faut savoir si nous mangerons les communards ou si nous serons dévorés par eux. En pareil cas, l'hésitation serait un crime, l'abstention un suicide.

Il serait puéril de chercher à le dissimuler, la situation est des plus graves. Si les radicaux après avoir laissé entrevoir leur programme qui ne tend à rien moins qu'au renversement de toutes les institutions existantes, ont mis pendant quelque temps une *sourdine opportuniste* sur leurs infâmes projets, c'est qu'ils comprenaient que le Sénat si faible et si effacé qu'il fût déjà, se dresserait devant eux comme une barrière insurmontable le jour où ils voudraient battre en brèche les grandes institutions sociales. Mais depuis que grâce à la Candidature officielle et à l'intimidation administrative pratiquées sur une grande échelle, ils sont parvenus à y conquérir une sorte de majorité ; depuis qu'ils ont remplacé les *Ducs* par des *Tolains* variés, ils ne connaissent plus d'obstacles, et leur audace s'accroît chaque jour. Les députés qui les gênaient ont été invalidés, et plusieurs d'entre eux, tels que M. de *Bourgoin,* ont dû reculer devant un parti-pris d'exclusion. Préfets, sous-préfets, maires sont à leur dévotion. La magistrature, depuis les procureurs généraux jusqu'aux juges de paix, est empoisonnée de leurs créatures; tout magistrat qui fait acte d'indépendance est menacé dans son inamovibilité; l'armée est travaillée par leurs émissaires, corrompue par leurs journaux; l'indiscipline y est récompensée dans la personne du major Labordère et le crime encouragé par la réintégration du communard Brissy. Les généraux dévoués à la cause de l'ordre sont mis à la retraite ou déplacés, et le marquis de *Gallifet*, le massacreur des prisonniers communards, devient, de par Gambetta, l'espoir de la République, le général de l'avenir ! Le président *Constitutionnel* laisse faire et signe les décrets d'amnistie qui lui sont imposés par *Clémenceau;* quant à Gambetta, heureux d'avoir évité de rendre ses comptes, il se prélasse dans le fauteuil présidentiel de la Chambre, et laisse ses compétiteurs s'user dans les luttes de la tribune et de la presse, jusqu'au moment où il se croira assez fort pour prendre la première place de l'Etat. En attendant il vit en grand seigneur, et décrotte ses bottes sur les divans capitonnés de M. de Morny. Les glaces de Venise, les tapisseries des Gobelins, les œuvres d'art de nos grands artistes embellisent le palais de l'ex-bohême du café de Madrid. Dix chevaux de *sang* piaffent dans ses écuries, et l'officier de bouche qui dirige sa cuisine touche le traitement d'un général.

En attendant, le commerce est aux abois, l'industrie paralysée, les grandes usines ont dû fermer ou congédier les trois quarts de leurs ouvriers. Les grèves sont en permanence, les faillites ne se comptent plus.

L'Exposition universelle qui devait ramener la confiance, galvaniser le commerce et donner une immense impulsion à nos exportations, a été une colossale déception. A l'exception des maîtres-d'hôtel, des restaurants et des théâtres de Paris, la plupart des exposants n'ont pas *fait leurs frais;* il y a eu beaucoup de curieux, fort peu d'acheteurs, et le gouvernement a dû faire une *loterie* pour diminuer le *déficit* et venir en aide aux malheureux exposants, qui n'avaient même plus le moyen de faire rentrer leurs marchandises en magasin.

L'*ère de prospérité*, si pompeusement annoncée, se traduit par la ruine et la misère générale. Les capitaux se cachent et n'osent s'aventurer sur une mer orageuse dont on n'aperçoit pas le port. Il est vrai que la *Bourse* monte, mais qu'est-ce que cela prouve, sinon qu'il y a beaucoup d'argent en France, et qu'au lieu de le faire circuler par les mille canaux de l'industrie, on préfère le confier à l'Etat et à l'institution de Crédit qui a résisté à la *Commune* et à l'incinération du *Grand-Livre*.

Il faut, en vérité, beaucoup de bonne volonté pour voir dans l'élévation du prix de la rente une preuve de prospérité et de confiance dans la R. F.

Parlerons-nous de notre situation vis-à-vis des puissances étrangères? Le mieux, je crois, serait de jeter un voile discret sur ce qu'elle a d'humiliant pour une nation qui, sous l'Empire, était l'arbitre de l'Europe. — De quel prestige, de quelle considération voulez-vous que jouisse vis-à-vis des chancelleries une nation qui compte parmi ses ambassadeurs un *Challemel-Lacour*, condamné par la justice du pays pour faits se rattachant à la *Commune lyonnaise*, à l'assassinat du malheureux de *L'Espée* et à la spoliation des Frères de *Calluire?*

Comment voulez-vous que l'Empereur de Russie vienne dans une ville où il serait exposé à se trouver en présence d'un *Floquet* (Vive la Pologne, Monsieur!) où d'un sous-secrétaire d'Etat se proclamant l'ennemi des rois! On a cherché à tirer parti au point de vue du prestige de la République, de la présidence du prince de Galles pour la section anglaise de l'Exposition et surtout de sa visite à Gambetta! cela prouve tout au plus que l'héritier de la couronne sait, quand il le faut, remplir ses devoirs de Souverain, qu'il s'amuse à Paris un peu plus qu'à Londres, et que parmi les curiosités de la capitale, il a voulu s'offrir la vue d'un ex-bohême, tenant dans ses mains les destinées de la France. La *visite de garçon* qu'il a faite à *Rabagas* tire si peu à conséquence, qu'il s'est bien gardé d'accepter une place dans la tribune des *autorités* républicaines, lorsqu'il a conduit sa femme aux courses du grand prix de Paris. Si M. Waddington et son ambassadeur pouvaient conserver la moindre illusion au sujet des sentiments qu'ils inspirent à la Reine et à l'aristocratie anglaise, ils n'ont qu'à se faire rendre compte par leur police de l'attitude de la famille royale vis-à-vis de l'Impératrice Eugénie, des visites à Chislehurst, des invitations dans les châteaux royaux, de l'hospitalité offerte dans une des résidences de la cour, et si quelque chose manquait à leur conviction, qu'il se reportent par le souvenir aux funérailles de l'infortuné Prince Impérial et aux honneurs princiers rendus à sa dépouille mortelle. Ils se gardent bien de témoigner du dépit qu'ils en ressentent, et de toutes les couleuvres qu'on leur fait avaler, celle-là est sans contredit la plus dure à digérer.

Mais ce qui met le *comble* à leur déconvenue et à leur humiliation, c'est le traité d'alliance entre l'Allemagne et l'Autriche conclu au nez et à la barbe de ce bon monsieur Teisserenc de Bort, qui n'en a eu connaissance que par la *Gazette de Hollande,* traité qui nous isole à l'extrémité Sud de l'Europe, et établit une barrière infranchissable entre la France et son alliée naturelle la Russie. Que la République continue à devenir *progressive,* c'est-à-dire menaçante pour les monarchies voisines, et un beau jout l'Allemagne et l'Autriche réunies peuvent nous envahir avec une armée de deux millions d'hommes, sans que la monarchie d'Angleterre et l'autocratique Russie puissenr songer un instant à défendre un pareil gouvernement !

Pourquoi M. de Bismarck, au lieu de nous chercher querelle, semble-t-il nous témoigner aujourd'hui une sorte de pitié sympathique ? Sa correspondance diplomatique se charge de fournir la réponse.

« C'est que la France ne saurait être dangereuse tant » qu'elle sera en République » et que notre plus cruel ennemi ne pourrait nous souhaiter un plus grand malheur ! Les derniers événements d'*Orient* ont démontré surabondamment combien nous étions isolés dans l'Europe, qui traite la France républicaine comme une brebis galeuse et la met au ban de toutes les nations.

« Périsse la France pourvu que vive la République ! » tel est le cri parti d'un cœur radical, au moment où on nous menaçait d'un morcellement ! Qu'on nous enlève la *Champagne* et la *Bourgogne, Nice* et *Chambéry,* qu'on nous réduise à l'état de puissance de quatrième ordre, que leur importe ! il y aura toujours assez de départements pour leur fournir des préfectures, assez d'argent dans les coffres de l'Etat pour payer leurs bottes, la carte des dîners de M. *Gambetta,* et les fournisseurs de ses *carrossiers* pur-sang.

Et voilà pourtant le gouvernement qu'on voudrait nous imposer? et cette France si belle, si prospère, si glorieuse sous l'Empire, est menacée de devenir la proie d'une horde de brigands sans foi ni loi, sans feu ni lieu.

Tout ce que les bas-fonds de la société renferment d'écume remonte à la surface et s'apprête à se répandre comme un limon impur sur notre malheureux pays. Les besoigneux, les déclassés, les ratés, les fruits-secs de toutes les professions, avocats sans cause, médecins sans malades, artistes sans talent, négociants faillis, journalistes sans lecteurs, cabotins sifflés, *Labordères* chassés de l'armée, sont prêts comme les sauterelles d'Egypte à nous envahir et à faire table rase de toutes les institutions conservatrices de la société.

Famille, religion, propriété, tout leur fait obstacle. Armée, clergé, magistrature, police et surtout gendarmerie, autant d'ennemis qu'il faut anéantir à tout prix pour faire place aux utopies *communardes* et *socialistes* dont 93 et 71 sont les deux plus brillants *spécimens* et dont le congrès ouvrier de Marseille a fait connaître le programme.

Une petite anecdote à propos des *partageux*. J'étais en 1848 sous-préfet d'un arrondissement de Bretagne où les doctrines *partageuses* avaient pris un dangereux développement. A la première nouvelle des événements de *Février*, quelques villages marchèrent sur la ville avec des sacs et des charrettes qu'ils comptaient bien remplir des dépouilles des riches. La garnison et la gendarmerie eurent toutes les peines du monde à les dissiper et à leur faire comprendre qu'ils étaient de simples voleurs qu'on allait traiter en conséquence.

Je fus témoin d'un fait beaucoup plus original et significatif. A propos de je ne sais quel chemin, je m'étais trouvé en relation avec un vieux paysan qui passait pour être aussi avare qu'infecté d'idées communardes. Je le vois, un beau jour, arriver dans mon cabinet, la bouche en cœur et le sourire sur les lèvres :

« C'est bien vrai, n'est-ce pas, monsieur le sous-préfet, » qu'on va tout partager ? »

« Certainement, répondis-je, voulant voir où il allait en » venir ; à quoi bon sans cela faire des révolutions. »

« A la bonne heure, voilà qui me va, et puisqu'il en est » ainsi, je ne serai pas trop exigent et me contenterai de » peu de chose, vous savez, monsieur le sous-préfet, le » chemin pour lequel j'ai plaidé avec le maire ? »

« Oui, parfaitement, sa vigne et la vôtre sont partagées » par ce sentier. »

« Eh bien ! monsieur le maire est très-riche, aussi ne » vous demanderai-je, pour ma part, que ce champ qui » *carre* ma propriété et qui me va comme un gant. »

« Ah ! sapristi, mon pauvre X, vous arrivez trop tard. »

« Comment cela ? »

« Mon Dieu oui ; le maire sort d'ici, et comme il m'a » affirmé que vous étiez beaucoup plus riche que lui, je » lui ai donné votre vigne. »

Le bonhomme s'arrachant les cheveux et jurant comme un charretier embourbé, s'empresse de regagner son village pour défendre son bien contre *les brigands de partageux*.

Je ne prétends pas que tous les républicains en soient arrivés à ce point; mais au train dont ils marchent, je ne mets pas en doute, que débordés bientôt par les *dernières couches*, ils ne soient fatalement entraînés à la mise en pratique des théories socialistes les plus avancées — la *Commune* n'a-t-elle pas brûlé le *Grand-livre* de la dette et commencé l'œuvre de la grande liquidation sociale? et la *Juste répartition de l'impôt* et des *charges qui pèsent sur le prolétariat*, la participation des ouvriers aux bénéfices du Patron, la guerre déclarée à *l'infâme Capital*, etc., qui figurent sur le programme de *Belleville;* sont-ils autre chose que les préliminaires et les avants-coureurs d'une vaste *Jacquerie* dont les *retours de Nouméa* seraient les apôtres et les adhérents du *Congrès ouvrier* de Marseille les exécuteurs.

Et l'on voudrait que nous nous croisions les bras, que nous assistions impassibles et désarmés à l'effondrement de l'ordre social, à la radiation de la France de la carte de l'Europe? Ah mais non!! dussions-nous y laisser notre vie, notre fortune ou notre liberté, nous combattrons jusqu'à la dernière extrémité pour la défense de l'Ordre, de la Famille, de la Propriété et de la Religion menacés par la nouvelle horde de barbares qui n'attend que le jour favorable pour se ruer sur notre cher pays : et si la plume ne suffit pas, nous trouverons dans notre patriotisme la force nécessaire pour manier encore notre mousquet du 31 octobre et de la barricade du *Château-d'Eau*.

Comment conjurer le péril? — je l'ai déjà dit, je ne vois ni dans l'arsenal des lois existantes, ni dans la *Constitution* que les républicains ont taillée à leur usage, aucun moyen efficace — de là découle la nécessité absolue de modifier la Constitution et de réformer plusieurs des lois existantes.

Et par quel moyen? — je le dis sans crainte, par un coup de Force ou un coup d'Etat, comme vous voudrez l'appeler!

Pavia! Pavia!! mais c'est une Révolution que vous provoquez! Eh bien après? — avec cela, que les républicains s'en privent lorsqu'ils y trouvent leur avantage — Ouvrez l'histoire de France, et vous y verrez 4 grandes Révolutions dans moins d'un siècle, et toutes provoquées par les *hommes avancés*. Quant aux changements de Constitution, il faudrait une page pour les inscrire.

Pourquoi les honnêtes gens, après avoir subi si souvent la Révolution du *Mal*, ne feraient-ils pas à leur tour celle du *Bien*? n'ont-ils pas pour eux le bon droit, la force, le nombre, l'argent, et l'appui moral de toutes les nations civilisées.

Qui osera prendre l'initiative, courir les dangers, assumer la responsabilité d'une pareille entreprise? Voilà la question. Il fut un jour pourtant où la chose était facile, ce fut à Bordeaux, lors de la signature de la paix. On eut fait alors accepter à la France affolée tel gouvernement qu'on eut voulu lui octroyer. *Henri V* lui-même, malgré son impopularité notoire, eut été possible; mais pour cela il fallait que les monarchistes-conservateurs s'entendissent pour combattre les révolutionnaires, au lieu de se diviser et de laisser le champ libre à M. *Thiers* dont l'insatiable ambition demandait une République pour en être le Président — le *sinistre vieillard* prit ses mesures pour faire avorter toutes les combinaisons qui l'éloignaient du pouvoir — le seul parti qu'on ne saurait accuser sans injustice c'est le parti bonapartiste qui n'existait pas alors, sa conduite dans ces derniers temps a prouvé, du reste, qu'il savait s'imposer tous les sacrifices et faire taire ses préférences, quand il s'agissait de lutter contre l'ennemi commun.

La tentative de M. *Chesnelong* auprès du comte de *Chambord,* échoua par suite du mauvais vouloir des *Orléans* qui minèrent en dessous-main, la combinaison qu'ils avaient eu l'air d'accepter, l'attitude récente des soi-disant *Constitutionnels* du *Sénat,* nous a fait voir, que ce parti bâtard, incapable de faire le bien, avait encore la puissance de faire le mal, en paralysant et en annihilant toutes velléités de résistance du Maréchal; en l'obligeant, par le refus de dissolution de la Chambre, à passer sous les fourches caudines de *Gambetta,* et a subir un ministère antipathique, hostile à ses amis en opposition avec ses idées et ses principes conservateurs.

Si au 16 mai il eut mis son chapeau sur l'oreille, et faisant un suprême appel à tous les hommes d'ordre, proclamé la *Dictature* et l'*Etat de siége*, ce *coup d'Etat* eut été accueilli par un plébiciscite approbatif, aussi imposant que celui qui suivit l'acte *Sauveur* et *Providentiel* du 2 Décembre. Il a préféré prendre des demi-mesures, et rester dans une légalité frelatée, ni chair ni poisson, qui devait pourtant lui être reprochée comme un crime — au lieu de constituer un véritable *cabinet* de *combat*, composé en majorité de généraux et d'hommes ayant fait leurs preuves sous l'Empire, il a préféré s'entourer d'avocats, de doctrinaires et de rhéteurs, qui ont cru faire un acte de haute énergie en ressuscitant la *candidature officielle*, et en donnant à leurs amis, un brevet d'invalidation sur affiche blanche !

Les radicaux, tout d'abord frappés de stupeur, avaient courbé la tête, et se préparaient à boucler leurs malles ; mais voyant qu'ils n'avaient rien à craindre d'un pouvoir sans énergie, qui se contentait de changer quelques fonctionnaires trop compromis, ils reprirent bien vite courage, et le Maréchal, ainsi qu'on pouvait s'y attendre, fut battu légalement et constitutionnellement ! puis remplacé par M. Grévy. Il en sera toujours ainsi, tant qu'on n'aura pas modifié la loi électorale et la loi de la presse.

J'ai déjà exposé, dans la première partie de cette étude, ma manière de voir quant à la *Neutralisation électorale* de Paris et des villes soumises à l'état de siége — il faut compléter la réglementation du suffrage universel par les mesures suivantes :

1° Vote obligatoire ;

2° 25 ans d'âge ;

3° 3 ans de domicile ;

4° Paiement d'une contribution personnelle mobilière, ou d'une patente de 25 fr. au *minimum ;*

5° Obligation d'écrire son bulletin dans la salle du vote.

Ainsi, seraient écartés des urnes, ces ouvriers nomades qui sont la plaie des grands centres — les gens sans aveu, les vagabonds et les mendiants, qui *couchent à la corde* et *dînent à la portion.*

Ainsi seraient également radiés les illettrés, auxquels on impose un bulletin dont ils ignorent le contenu. N'est-il pas monstrueux de voir les élections faites par des gens qui, ne possédant rien, sont non-seulement désintéressés de la *chose publique*, mais encore ont tout intérêt à renverser l'ordre de choses existant, pour y substituer je ne sais quel monstrueux *communisme*, inévitable précurseur du pillage et du partage des biens !

Quant au vote obligatoire, l'indifférence, l'apathie, disons le mot !... la couardise des conservateurs, en font une nécessité — n'avons-nous pas été à même de constater que l'abstention des honnêtes gens avait presque partout amené le triomphe des coquins ; et que tandis que les premiers s'abstenaient de prendre part aux scrutins, l'armée disciplinée de la *radicaille* marchait comme un seul homme, à l'assaut des urnes électorales. Peut-être en serait-il autrement, lorsque les électeurs seraient, comme les jurés, passibles d'une amende variant, selon leur fortune, de 50 à 500 fr.

Chacun s'accorde à dire que tout gouvernement est impossible avec les licences de la presse, on en est arrivé à tolérer la violation journalière des lois existantes, et un évadé du Bagne, peut impunément salir de sa bave les colonnes d'un journal.

La loi que j'édicterais ne serait ni longue ni compliquée, elle se bornerait à 3 articles :

1° Le cautionnement des journaux politiques quotidiens serait de 100,000 fr. pour Paris, 50,000 fr. pour la province ;

2° Toute attaque contre la personne du chef de l'Etat et la forme du gouvernement établi, serait réprimée par un avertissement ; au 3me, le journal serait supprimé, et le cautionnement distribué aux hospices ;

3° Toute calomnie, toute diffamation contre les particuliers, toute fausse nouvelle pouvant porter préjudice à autrui, serait passible des tribunaux ordinaires et donnerait lieu à des dommages-intérêts, dont le chiffre ne pourrait être inférieur à 10,000 fr.

En même temps que la presse politique serait ramenée à la sagesse et à la modération par ces mesures, sévères, il est vrai, mais indispensables, la Presse, non politique, jouirait d'une liberté absolue, et des plus grandes faveurs au point de vue du timbre, du port, du cautionnement, etc.

Le fond même de la Constitution serait modifié de fond en comble — je n'ai pas besoin de dire dans quel sens, et de prononcer le nom de l'Exécutif.

Avant l'épouvantable catastrophe du *Zouloulånd*, ce nom était sur toutes les lèvres, comme dans tous les cœurs véritablement Français, et la prochaine Restauration Impériale ne faisait doute pour personne, pas même pour les républicains.

Nous ne saurions dénier que l'état de choses n'ait été sérieusement modifié, et que les chances du parti bonapartiste n'aient, sinon diminué, du moins subi un temps d'arrêt.

Mais s'en suit-il qu'il faille désespérer de l'avenir et abandonner la partie ?

Ce serait non-seulement un suicide moral, mais une mauvaise action — il n'est pas permis à un grand parti comme celui auquel nous nous faisons gloire d'appartenir, d'abandonner la France aux mains des bandits communards qui s'apprêtent à s'en partager les dépouilles, pas plus que de la livrer affaiblie et désarmée à l'étranger qui convoite ses plus belles provinces.

La dynastie Napoléonienne quoique décapitée, et privée de son plus beau fleuron, est de celles qui ne meurent pas — si l'Empereur est mort — Vive l'Empereur !

Le Sénatus-consulte qui règle la question d'hérédité dans la famille impériale a pris soin d'indiquer, sans qu'aucun doute puisse substituer dans les esprits, quel était l'héritier direct et légitime de Napoléon IV, et si quelques hésitations (bien pardonnables après le malheur qui nous avait frappés) ont pu se produire chez les plus dévoués, elles n'ont pas tardé à disparaître devant la nouvelle attitude du Prince.

Chacun a compris que sa vaste intelligence était à la hauteur des responsabilités que lui impose son titre de chef de famille et de représentant des droits de la dynastie napoléonienne.

Quant aux reproches qu'on pourrait lui adresser au sujet de son attitude sous le règne de son cousin, il faut se dire qu'il était alors dans son rôle, et que tous les *Princes de Galles* ont toujours fait partie de l'*opposition*, ce qui ne les a pas empêchés une fois qu'ils ont été Rois d'Angleterre de marcher sur les traces de leur prédécesseur et de faire des monarques très-*autoritaires*.

A côté de l'*Empereur* fonctionneraient deux Chambres. Un Sénat *héréditaire*, composé de l'aristocratie de l'armée, de l'administration, de la magistrature, des arts, des sciences, du clergé, etc., etc., et une Chambre des Députés régie par la loi de 1852, c'est-à-dire, s'occupant des affaires du pays et non de politique, d'invalidations et de questions personnelles ; faisant des *rapports* et non des *discours* à l'usage de la galerie et des électeurs. Le compte-rendu analytique des secrétaires remplacerait le compte-rendu des *séances orageuses*, où les muets de la tribune, cherchent à se faire rappeler à l'ordre pour figurer au *Moniteur* comme interrupteurs.

Avec ces réformes, je crois pouvoir garantir à la France une *ère de prospérité*, qui ne sera pas un vain mot comme celle que les républicains nous promettent depuis si longtemps, et à la *dynastie des Napoléons* (la seule possible et vraiment populaire), une durée égale à celle des plus anciennes familles régnantes de l'Europe. Nous verrions se fermer à tout jamais la porte de ces Révolutions qui viennent, d'une manière périodique, ensanglanter notre malheureux pays, et lui faire perdre en quelques années de soi-disante République, le fruit de vingt ans de travail, d'économie et de sagesse. Je crois enfin qu'un *Plébiscite* et des élections faites dans ces conditions, assureraient la presque unanimité des suffrages à *Napoléon V*, et aux députés de l'Appel au Peuple.

Quel sera le *Messie* de cette religion nouvelle? le bras assez fort, le cœur assez courageux, l'esprit assez élevé pour prendre en main le drapeau de la régénération et de la préservation sociale. Quel sera l'architecte de cette digue de granit qu'il faut opposer au flot envahissant du *socialisme* et du *communisme?* — hélas! trois fois hélas! le Maréchal de Mac-Mahon pouvait jouer ce rôle, et conquérir une grande place dans l'histoire! il a préféré se soumettre; et voudrait-il aujourd'hui faire acte de virilité et d'énergie, et se mettre à la tête d'un mouvement militaire, qu'il ne trouverait pas dans l'armée conservatrice qu'il a *lâchée*, quatre hommes et un caporal pour le suivre.

Les quelques gens de cœur qui s'étaient dévoués à sa cause, n'ont pas encore envie de recommercer l'aventure du 16 *Mai*, et de conquérir ainsi un *tour de faveur*, sur la liste des futurs otages.

Mais la Providence, qui si souvent a protégé la France, ne l'abandonnera pas dans cette épreuve suprême! deux fois les *Napoléon* nous ont sauvé de l'anarchie.

C'est de ce côté encore que viendra le salut. Henri V est impossible! il nous a prouvé en maintes occasions, qu'il se souciait fort peu du *trône de ses pères!* à côté duquel il voit étinceler le couperet de la place de la *Révolution!* les d'Orléans jouissent d'une impopularité, que leur attitude dans les derniers événements politiques n'a fait qu'augmenter et changer en mépris. J'ai dit ce qu'on pouvait attendre de la République! condamnée inévitablement à rouler au fond des abîmes *socialistes* et *communards!*

Le jour où nous en serons là: quand il sera démontré aux plus optimistes que la République *modérée* est impossible; quand il ne s'agira plus de savoir qu'elle forme de gouvernement nous devons adopter, mais bien si nous voulons vivre ou mourir — alors nous nous tournerons tous, vers le représentant direct et légitime de la dynastie des *Napoléon*, la seule sortie véritablement des entrailles du peuple, la seule qui ait été dix fois *plébiscitée* par des majorités écrasantes, et nous lui demanderons de faire pour nous ce que son oncle a fait le 18 brumaire, et son cousin le 2 décembre.— Tout ce qu'il y a en France d'honnêtes gens, tous ceux qui tiennent à garder leur tête sur les épaules, leur porte-monnaie dans leur poche se grouperont autour de lui!

Quant aux *autres!* c'est-à-dire ceux qui en cas de réussite nous menaçant de la *guillotine à vapeur*, nous serons moins cruels; nous nous contenterons de les museler comme des chiens enragés; et de les mettre dans l'impuissance de nuire, par de bonnes lois et de bons gendarmes.

V° SÉRIE

POST-FACE — PARIS EN 1882

Il est minuit — de la Bastille à la Madeleine une double rangée de cafés, de restaurants et de magasins étincelle aux lueurs d'un millier de candélabres électriques — c'est à peine si les promeneurs qui rentrent des théâtres peuvent circuler sur les trottoirs; la chaussée est sillonnée par d'innombrables voitures au-dessus desquelles s'élèvent plusieurs passerelles aériennes.

Nous voici sur la place du *nouvel Opéra* — un carrosse de gala escorté par un escadron de Cent-Gardes, et précédé par deux piqueurs galonnés, se dirige vers les Tuileries au milieu des acclamations ; il renferme l'*Empereur* accompagné du *Czar*, qui vient de nous faire restituer l'*Alsace* et la *Lorraine* comme gages d'une paix universelle, et d'un désarmement général.

La façade du *Grand-Hôtel* est éclairée *a giorno*, c'est le *Khédive* qui y donne une fête orientale, à laquelle assistent les ambassades *Chinoises*, *Japonnaises*, *Birmanes* et *Persannes* accréditées à Paris. Des *hurrah*? joyeux retentissent au *Café Anglais* — le Prince de *Galles* y soupe avec le Roi des *Belges* et le Prince de *Danemarck* qui sont à Paris *incognito*.

Dans un cabinet de la *Maison-Dorée* le jeune Prince de *Bismarck* tient tête, le verre à la main, à une société de jeunes officiers *Prussiens*, *Russes* et *Autrichiens*, venus à Paris chercher une distraction à la vie monotone et ennuyeuse de leurs patries respectives.

Bréban, *Helders* et *Peters* regorgent de soupeurs; toutes les langues s'y confondent comme dans une nouvelle Babel, toutes les productions du globe figurent sur les tables, depuis les nids d'hirondelles de la *Chine*, les sterlets du *Wolga*, les grousses *d'Ecosse*, les bartavelles de *Norwège*, jusqu'aux ananas du *Mexique*, les bananes d'*Amérique*, les mandarines de *Majorque* et les raisins d'*Alger*.

Poursuivons notre course nocture — nous voici au *Palais-Royal* transformé en un vaste jardin d'Hiver — au milieu s'élève une rotonde-orchestre, autour de laquelle tourbillonnent quadrilles, valses et polkas ; des galeries vitrées remplies de fleurs, de palmiers et de fougères géantes, en pleine terre, relient les arcades au pavillon central.

Le palais de *Richelieu* a retrouvé son antique splendeur, avec ses restaurants, ses changeurs, ses bijoutiers, son nouveau *Frascati* et son ancien 113.

Je ne prétends pas que la mère puisse y promener sa fille, mais il y a longtemps que les paisibles bourgeois sont couchés. — C'est Paris nocturne, viveur, fiévreux, énivrant, où viennent se fondre les fortunes des deux Mondes — le Paris rêvé par le *Boyard* dans ses steppes, le *Nabab* dans ses jungles, l'*Haciendero* dans ses prairies, le *Squater* dans ses mines.

Le Paris diurne, n'est ni moins brillant ni moins animé — je renonce à décrire l'aspect du *Bois-de-Boulogne* et des *Champs-Elysées* — c'est une suite non interrompue de brillants équipages, de cavaliers et d'amazones se croisent en tous sens, on y remarque les carrosses de gala des sénateurs et du maire de Paris, qui se rendent au palais du *Trocadéro* où doit avoir lieu un immense Festival de tous les *Orphéons* français et étrangers — la distribution des récompenses doit-être suivie d'un banquet et d'un bal monstre pour lequel plus de 20,000 invitations ont été lancées.

Chaque jour amène un spectacle nouveau, une attraction irrésistible — aujourd'hui *Steeple-chase*, course plate — demain tir aux pigeons ou à la carabine — *Cambridge* et *Oxfort* ont envoyé leurs meilleures rames aux régates d'*Asnières* — la *Suède*, la *Russie* et l'*Amérique* viennent disputer le prix du *Skating-Righ* — Paris est devenu en réalité la capitale du monde civilisé, la Bourse, le grand marché financier de l'Univers — il a fallu doubler le nombre de ses agents de change, obligés de devenir tous millionnaires.

Les nouveaux quartiers où se balance aujourd'hui l'écriteau de location au-dessus des magasins vides, sont aussi peuplés que le centre de la ville.

Les grandes industries, refoulées des boulevards par l'augmentation croissante des loyers, sont venues se réfugier au milieu d'une population aristocratique, qui a dû à son tour, abandonner au commerce les bruyants quartiers de la *Bourse* et de la *Chaussée-d'Antin* — une seconde ville d'hôtels particuliers et de palais princiers s'est élevée dans les quartiers aujourd'hui déserts des *Champs-Elysées*, de *Beaujon* et du *Parc Monceaux*.

Le Bois de *Boulogne, Vincennes, Montsouris*, les buttes *Chaumont*, et les nouv. aux Parcs qu'on a dû créer, suffisent à peine à contenir les promeneurs et les équipages — on songe à élargir quelques-unes des rues du baron *Haussmann*, déjà trop étroites pour les besoins de la circulation.

L'*Opéra*, l'*Opéra-Comique*, le *Lyrique*, grâce à leurs importantes subventions, ont pu accaparer les plus célèbres chanteurs. — Si l'on veut entendre la *Patti*, la *Nilsson*, l'*Albani*, *Faure*, *Tamberlicq* ou *Capoul*, il faut absolument venir à Paris, et l'or de l'*Amérique*, de la *Russie* ou de l'*Angleterre*, ne peut plus nous enlever le dessus du panier de nos artistes.

La France, rentrée dans le concert européen, reconnue par tous les souverains, a repris sa situation prépondérante — sans ambition, satisfaite d'être rentrée pacifiquement dans ses anciennes frontières ; elle est devenue l'arbitre de l'Europe qui, sous son influence, procède à un désarmement général, et consacre aux canaux et aux Chemins de Fer, les millions absorbés par un état de guerre ruineux — une quadruple alliance avec la *Russie*, l'*Angleterre*, l'*Allemagne* et l'*Autriche*, assure la paix du monde, en soumettant à un *Congrès permanent*, toutes les questions et tous les conflits internationaux.

L'Empereur, que son mariage avec la sœur du Roi d'Italie rattache à la plus ancienne des familles régnantes de l'Europe, a fortifié nos alliances, et assuré l'avenir de sa dynastie par le mariage de son fils avec une princesse russe.

Autant son gouvernement est autoritaire et fort au sommet, — autant il est large et libéral à sa base — les caisses de crédit agricole et ouvrier, les sociétés coopératives, les diverses institutions de bienfaisance et d'épargne en faveur des classes malheureuses, y sont développées dans des proportions considérables, — les octrois, les droits frappant les objets de première nécessité, sont modifiés et répartis d'une façon plus équitable et moins onéreuse pour le Peuple ; jusqu'au jour où l'accroissement de la fortune publique permettra de les supprimer.

L'extension des franchises communales, conséquence forcée de la décentralisation administrative, amène dans la mesure du bien et du bon, l'affranchissement relatif de la commune et du département, tout en conservant la haute direction centrale.

Les Conseils généraux, d'arrondissement et municipaux, au lieu de s'occuper de politique, deviennent en réalité des Chambres au petit pied, par lesquelles sont élucidées, à trois degrés, les questions d'intérêt *local.*

L'extension de la juridiction des Juges de Paix (choisis comme en Angleterre parmi les citoyens les plus éminents par leur capacité, leur position sociale et leur fortune) diminue, dans une notable proportion, le nombre des procès et les frais exhorbitants de Justice !

Voilà le tableau de la France Impériale, et croyez bien, que loin d'être un rêve de mon imagination, il est au-dessous de la réalité. — Vous me direz, que cette prospérité inouïe ne vaut pas, pour les Parisiens, le plaisir de parader en uniforme, de voter pour MM. *Barodet*, *Bonnet-Duverdier*, *Ranc* et *Loiseau Pinson*, de faire des barricades et des Révolutions — et pour la Province, la douce satisfaction de choisir des Députés écarlates et des conseillers municipaux communards ! — mais que voulez-vous ? on ne peut contenter tout le monde à la fois ? et si quelques fous, gangrénés par le *phylloxera* radical se montrent mécontents, la masse des honnêtes gens et des hommes sensés sera de mon avis.

Mon programme, je n'en disconviens pas, sort un peu des banalités de la politique courante, et des sentiers battus du journalisme, — c'est une raison de plus pour appeler sur lui l'attention et l'examen des hommes d'ordre et de conservation.

J'avoue qu'il ne peut être mis à exécution que par un homme d'action et d'énergie, et qu'autant il eût été facile au lendemain de l'entrée des troupes de Versailles à Paris et même le 16 Mai, autant il rencontrerait aujourd'hui d'obstacles et offrirait de périls. Mais peut-on hésiter lorsqu'il s'agit de vie ou de mort ?

Si on ne tranche pas dans le vif, si on recule devant le remède énergique que je propose ; il ne nous reste plus qu'a tendre le cou au couperet de la *Commune*, ou au joug *Prussien* — et nous pouvons prédire à coup sûr, et dans un bref délai : *Finis Galliæ !*

Imprimé
chez
A. Menetière
PAU

www.ingramcontent.com/pod-product-compliance
Ingram Content Group UK Ltd.
Pitfield, Milton Keynes, MK11 3LW, UK
UKHW021054200726
13857UKWH00003B/920